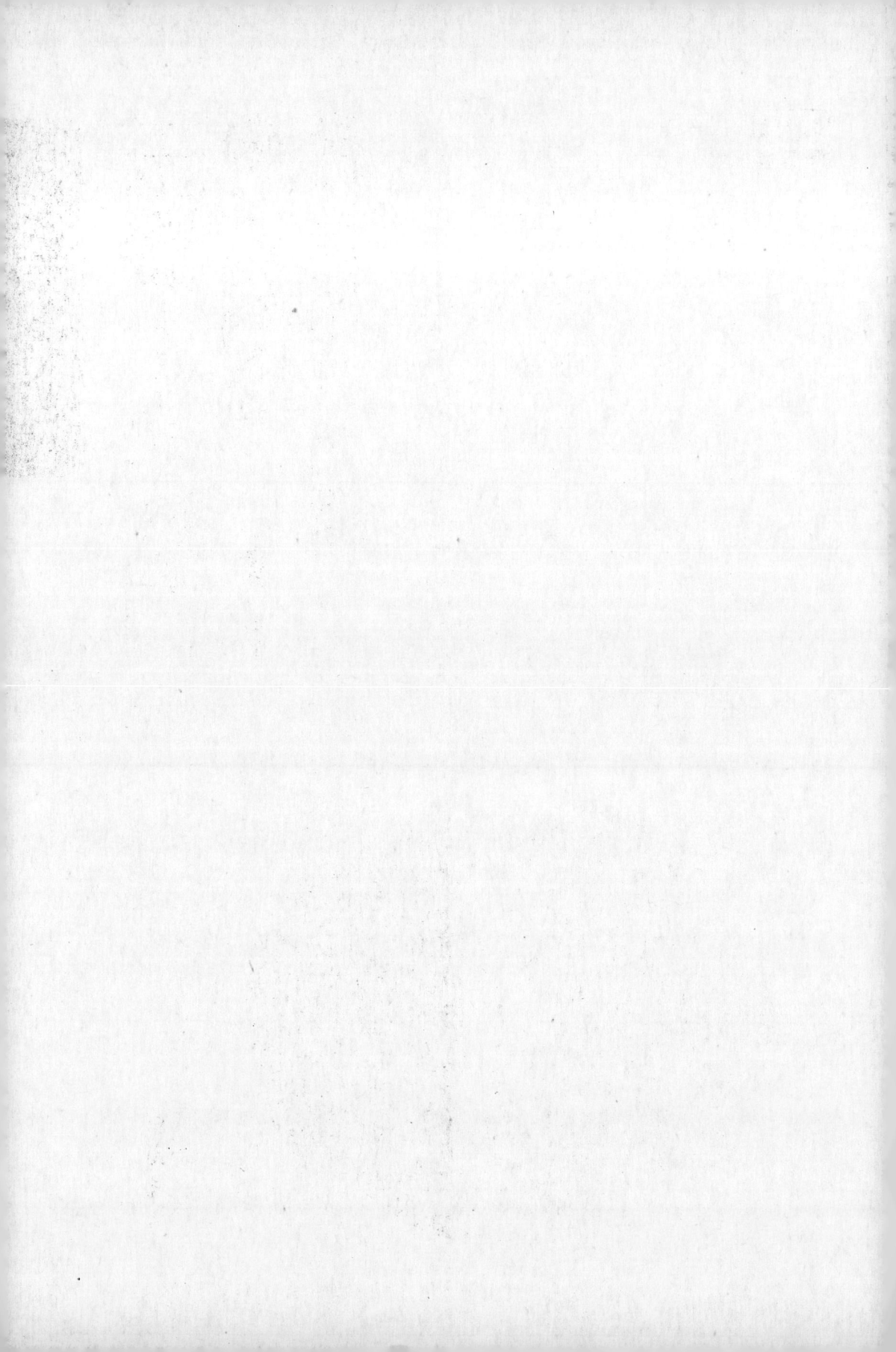

春晓图书

YUQI SHIDA LENGMEN
TOUZIYU SHOUCANG

玉器十大冷门
投资与收藏

十大冷门收藏鉴赏与投资系列丛书

李彦君 ○ 主编

中国书店

图书在版编目（CIP）数据

玉器十大冷门投资与收藏/李彦君主编．—北京：中国书店，
2013.1
（十大冷门收藏鉴赏与投资系列丛书）
ISBN 978-7-5149-0571-7

Ⅰ．①玉…　Ⅱ．①李…　Ⅲ．①玉器－投资－中国②玉器－
收藏－中国　Ⅳ．①G894

中国版本图书馆CIP数据核字(2012)第278551号

玉器十大冷门投资与收藏

李彦君 主编

责任编辑：解文睿

出版发行：中国书店
地　　址：北京市西城区琉璃厂东街115号
邮　　编：100050
印　　刷：北京市十月印刷有限公司
开　　本：787mm×1092mm 1/16
版　　次：2013年1月第1版　2013年1月第1次印刷
印　　数：3000
印　　张：8
书　　号：ISBN 978-7-5149-0571-7
定　　价：50.00元

中国当代艺术品收藏市场十分火爆，拍卖价上亿元的拍品时有出现，而且还有许多不为人们所熟悉的艺术品，以不俗的品相和拍卖价闯入人们的视野。

最典型的事例发生在 2005 年 7 月 12 日，伦敦佳士得拍卖一件元青花鬼谷子下山图罐，以 1400 万英镑的天价成交，加佣金后为 1568.8 万英镑，折合人民币约 2.3 亿元，创下当时中国艺术品在世界上的最高拍卖纪录。从此搞古玩的人一听说元青花，眼睛就会发亮，元青花成为当代艺术品收藏市场上的"热门"。

然而在 20 世纪 50 年代以前，连陶瓷史专家和学者也不承认元青花的存在。20 世纪 20 年代后期，一对曾是北京智化寺供器的青花象耳大瓶，落到福建人吴赉熙手中。尽管青花象耳大瓶的颈部有"至正十一年"铭文，但国人普遍不认元青花，吴赉熙便将这对大瓶带到英国伦敦，几经辗转，被英国伦敦大学达维特中国艺术基金收藏。20 世纪 30-40 年代，英国人霍布逊和美国波普博士对英国伦敦大学达维特中国艺术基金藏瓷进行研究，都发现了这对青花云龙象耳瓶是元青花，此后又据此在西亚地区发现一批"至正型"元青花，写出学术报告，从此元青花才为学界所承认。

西方收藏家开始关注元青花，是在 1968 年克里夫兰美术馆举办"蒙古统治下的中国艺术展"之后，因当时还没有发现几件堪称传世之作的元代青花，故元青花在收藏界没有产生影响。这个事例说明，在我们熟知的大收藏门类（青花瓷）中仍会有一些品种（元青花）没有得到应有的重视，这就是"冷门"。此例也说明艺术品拍卖市场上的"热门"与"冷门"是可以转化的。

当然，在艺术品市场上也时常出现"热门"向"冷门"转化的现象，典型者，如唐三彩。唐三彩的发现，缘于 1905-1909 年修筑陇海铁路，在洛阳城北的邙山一带挖出一批唐墓，从唐墓中发现许多陪葬的三彩陶器。这种史书失载、人们此前也不知道的三彩陶，因器型多样，做工精美，彩釉淋漓，受到中外艺

术界的关注。许多唐三彩流失海外，被一些海外收藏家炒作，使唐三彩的价格达到很高的价位。20世纪90年代，因唐三彩的仿古复制达到乱真的程度，而且河南仿制唐三彩的厂家又很多，仿制唐三彩充斥市场，令收藏者望而生畏，价格一再下跌，使后来收藏唐三彩的收藏家吃了大亏，以致无人再敢收藏唐三彩了。于是唐三彩成为目前古玩市场上的"冷门"。

无论是由"热门"转向"冷门"，还是由"冷门"转向"热门"，都存在一个思维定式被打破的问题。艺术品收藏市场之所以会出现的"热门"和"冷门"，一是与人们对一种艺术品的认知程度有关，二是与人们收藏这种艺术品的获利大小有关。仍以青花瓷为例，长期以来，爱好者和收藏者都格外关注明永乐、宣德的青花瓷器，其次重视康雍乾青花瓷，这与人们对明永乐、宣德、康雍乾青花瓷的认知程度有关。元青花以前不被人们看好，是因为人们不了解元青花的历史。后来知道了，元青花便成为中国瓷器中璀璨夺目的明珠，成为一座尚未开发的宝藏。

中国有近万年可考的历史，创造了数量上无法统计的艺术品。虽大多数艺术品已随岁月流逝而消亡，但由于中国有收藏文化艺术品的传统和事死如生的厚葬传统，仍保留了大量历史文化遗物，特别是墓葬和地下埋葬的遗物，流入市场较多，构成了今天艺术品市场的主流收藏品。

"十大冷门"是指某一种传统收藏大项中有十种品类值得收藏，这次先推出五种传统收藏大项的"十大冷门"。

《十大冷门》系列丛书的推广，有利于保护目前尚未被人们注意的文化遗产，使人们能够关注重视；同时又为初入收藏门又尚无收藏目标的人提供切实可行的收藏指导，使他们沿着收藏之门进入文化领域，形成研究风尚，在收藏中能够名利双收，使宝贵的文化遗产得到保护和传播。

目录

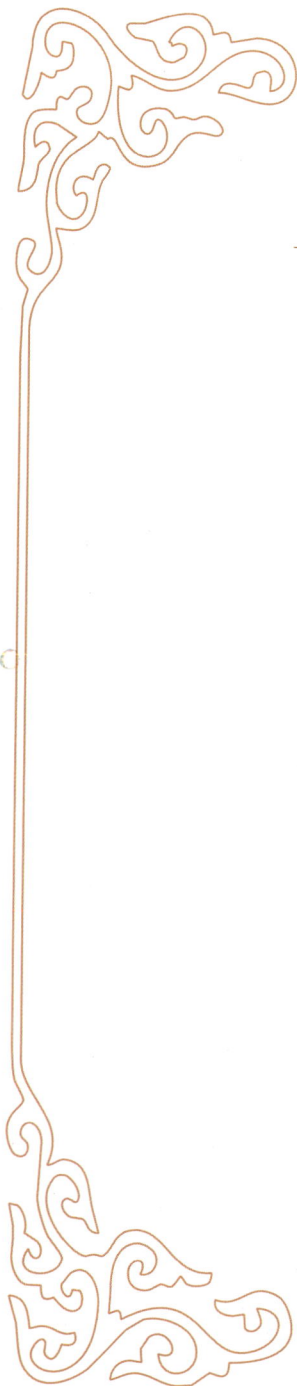

玉器“十大冷门”简介

玉器是传统的收藏大项，因历史悠久、品种多样，形成了许多收藏热点；然而仍有一些玉器品种尚未得到广大玉器收藏者应有的重视，暂时成为古玩市场中的『冷门』。笔者从中遴选出十种，向广大玉器收藏者介绍：一、史前素璧，二、玉工具，三、玛瑙器，四、水晶器，五、祭天大璧，六、玉剑具，七、玉带钩，八、玉炉顶，九、玉容器，十、辽金玉器。

这十种玉器在中国玉文化中都占有一席之地，是一代名品，用料和做工均好，目前价格适中，且数量有限，在今后的收藏中肯定会有较大的提升空间。

一、史前素璧

（一）释名与沿革

1. 释名

素璧即无纹饰玉璧。

史前素璧，是指在国家出现之前由古代先民制作的无纹饰玉璧（古人因书写材料困难，书写纪事习用单音词，今人习用双音词，故称玉璧、璧均可，意思相同）。对于国家出现之前的漫长历史时期，今人以石器时代相称，并把石器时代分为旧、新两段。本书为简便起见，把这个漫长的历史时期通称为"史前"，于是就有史前素璧的称谓。

史前素璧是最早出现的玉璧，在其后几千年的发展中长盛不衰，一直与朝廷

齐家文化 玉璧

良渚文化　玉璧

大典、朝廷密切有关。它有很多用途：一代表天，成为祭祀（礼）天的必用之器；二是代表有权力代天行事，是史前部族首领或国王、巫觋祭师的必备之物；三是代表与阳性有关的人，如男性君臣、士大夫方可持用；四是官阶等级的标志；五是祭祀山川、河海及神鬼的重器；六是视璧为神权、法权、人权、夫权及执法者的象征；七是厌胜辟邪、化凶为吉；八是殓尸（用璧拟天，古人墓葬时把璧置于死者的背、胸、腹和头脚处，除有辟邪作用外，似有望墓主灵魂升天之意）；九是一种贵重财物和享用礼品；十是一种装饰品，佩于身上，既有美感，又有用玉比德之意。

商周素璧，体积较大，出土很少。从战国时期开始，有纹饰的玉璧突然增多，一般直径20厘米至30厘米，以龙纹、凤纹、云纹为主，装饰精美，身轻体薄，外径均小，多用于明誓信物，为礼器，并非佩饰。

有些素璧用作"葬玉"。

2. 沿革

20世纪一些史前考古活动中，在中华大地发现许多处人类在新石器时期生存活动的遗迹，一般按最早发现地命名，于是就有仰韶文化、红山文化、含山文化、良渚文化和齐家文化等史前文化遗迹。在这些史前文化遗迹中或多或少都发现过素面无纹的玉璧，通常是扁圆形状，中部有圆孔，有少数原始玉璧则呈圆角方形。

出土史前素璧最多的是江苏良渚文化和四川广汉早期文化，在一个墓葬中往往会发现十多件素面玉璧，直径由十几厘米到数十厘米。出土史前玉璧上有图案、文字符号的，据说不超过五件，分别被美国、日本和我国台湾博物馆收藏。

良渚文化玉璧多光素无纹，与良渚文化玉琮有纹饰的情况形成鲜明的反差，说明良渚人对天的理解朴质无华，视青空万里，就是吉祥之时；而象征大地的玉琮上有复杂的纹饰，表示大地生存万物。

为什么史前古人会在生产力低下的时代却要花费大量的精力来制作玉璧？玉璧为何要制成扁圆形中间有孔的

红山文化　外方内圆形玉璧

🏵 良渚文化 玉璧

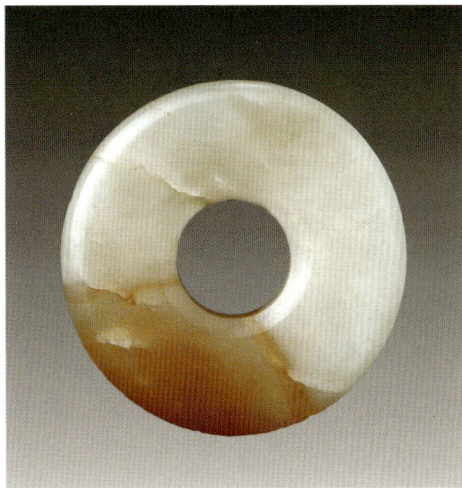
🏵 龙山文化 玉璧

形状？学术界对此作过探讨。总结学界的观点，计有如下几种说法：一说玉璧是由出现更早的玉纺轮或石纺轮演变而来；二说玉璧形制是取"天圆"之说；三说玉璧是由扁平环状石斧（或钺）演变而来。

🏵 良渚文化 圆形玉璧

（1）"璧起源纺轮"说

此说的重要依据是新石器时代出土的纺轮，除大小、厚薄与玉璧有差别外，其状形几乎与玉璧相同。但也有人持反对意见，认为纺轮是原始人所用的纺织工具，一般是女性使用（至少良渚文化是这样）；而玉璧是一种礼器，表示拥有一定的权力，寓意男性、天、阳性等，因而对"璧起源纺轮"说存疑。

（2）"璧圆像天"说

依据是古代"天圆地方"说，如《周礼·春官·大宗伯》记载："以玉作六器，以礼天地四方。以苍璧礼天，以黄琮礼地，以青圭礼东方，以赤璋礼南方，以白琥礼西方，以玄璜礼北方。"有人持反对意见，认为"天圆地方"之说出现年代较晚，乃是后人的一种解释，当然不可能解释远古先民制璧的动机，而且生活在新石器时代的人们未必有"天圆地方"的认识。

(3)"璧源于石斧（或钺）"说

璧由环状石斧变化出来的说法，得到许多学者的赞同，认为这种演变符合玉器由石器进化的实际情况。最早出现的玉器为玉斧、玉刀、玉凿、玉锥等生产工具，在辽宁和内蒙的兴隆洼文化、查海文化，以及江浙地区的河姆渡文化、崧泽文化遗址都有发现。随着社会的发展，早期玉工具衍生成具有祭祀、礼仪、殓葬等功能的品种，玉璧就是其中的代表，同时也成为等级的一种象征。但有学者认为：玉斧（石斧）、玉纺轮（石纺轮）是远古先民在长期生产实践中制作的工具，而玉璧则是人们原始信仰和宇宙观的反映，二者的文化内涵和用途完全不同的，不认为它们之间有直接演进关系。

(4)"璧起源于原始宗教"说

考古资料说明，在良渚文化之前或年代相近的诸文化中，玉璧只是偶有发现的罕见之物；然而良渚文化出土的玉璧数量较多，在一座墓中会发现十几件，玉璧似乎是突然出现的。这种现象说明良渚文化先民对玉璧格外崇拜。有的学者认为良渚文化已进入古国时代，良渚古国统治者出于统治的需要，制造"王权天授"的理论，称代天行事者要有一件表示天的实物，这就是璧；良渚古国统治者向天致敬和祷告时也要献上璧，所以在良渚文化遗址中大量出现璧。

（二）工艺特点、品类与鉴定

1. 工艺特点

史前素璧产生于距今约五六千年前的新石器时代晚期，这时玉璧已用磨制法来制作，受当时治玉工具的限制，玉

龙山文化　玉璧

良渚文化　玉璧

🌸 **龙山文化 玉牙璧**

璧的形制不太规整，或外周不圆，或厚薄不均匀，璧面不平，或留下切割痕迹，或中心穿孔打偏了，孔边有斜坡。

良渚文化玉器数量众多，玉料用量很大。有人认为良渚玉料是从盛产玉的辽宁或新疆辗转运来，但这种说法对于史前时期的良渚文化来说很难成立。1982年，在江苏省溧阳小梅岭发现透闪石软玉矿，取样鉴定，摩氏硬度5.5至6，质地细腻，呈白色和青绿色，透明度较好，呈蜡状光泽，与良渚文化玉器所用玉料相似。专家们普遍认为良渚文化的玉料来源可以确定是就地取材，而非远地转运。

2. 品类

素璧最早出现于新石器时代，最引人注目的有两个出土地。

一是良渚文化遗址，有的墓葬中一次竟出土20厘米以上的玉璧十件以上，江苏省博物院藏量颇丰。

二是四川广汉地区早期文化遗址，出土过更多更大的璧，最大的竟超过70厘米，厚度达5厘米，形如石盘。

商代也有素璧，素璧在当时主要是祭天的礼器。

3. 鉴定

(1) 玉璧的基本形制

玉璧的基本形制是圆形、板状、居中有一个小圆孔，因圆孔（古称"好"）的直径有大有小，古人细分为璧、瑗、环三种。划分标准正如《尔雅》所说："肉倍好谓之璧，好倍肉谓之瑗，肉好若一谓之环。"文中的"肉"，是指璧的环状部位，"好"是指中间的圆孔，这种细分似乎是把璧、瑗、环分清楚了。其实不然，现代文物考古界对玉璧的定义有三种不同的说法：

🌸 **龙山文化 玉三牙璧**

第一种说法是把一些体扁平，外周呈正方、长方或正方、长方委角形，中心有一圆穿的玉器，称作璧。采用这种定名的发掘报告有四例：一是黑龙江省博物馆《乌苏里江流域考古调查》一文所载："玉璧一件，直径3.2厘米，从一面穿孔，略呈圆角四方形。"二是李文信《依兰倭肯哈达的洞穴》一文所载："白玉系璧4件，最大直径6.3厘米，孔径2.2厘米，厚0.4厘米，小的直径4.5厘米，厚0.3厘米，形式相同，外弧，略作四方式圆形。"三是甘肃省博物馆《武威皇娘娘台遗址第四次发掘》一文所载："玉、石璧264件，有圆形、椭圆形和

🌸 干坑出土的红山文化双联璧

方形三种"。四是方殿春、刘葆华《辽宁阜新县胡头沟红山文化玉器墓的发现》一文所载："玉璧一件，近方形，边薄似刃，璧面钻一小孔，直径4厘米，孔径1.4厘米，内厚0.2厘米。"从上述四例看，可知所定玉璧的最大特点是中央一圆孔，外周边非正圆，扁平。

第二种说法是把周边呈正圆，体扁平，中心圆孔（古称"好"）直径要小于玉环部位（古称"肉"）者称为璧。这种意见在今文物考古界中是主流。依据仍是古文献，如《尔雅》载："肉倍好，谓之璧。"《说文》释玉："瑞玉环器也。"由于考古发掘的玉璧，肉与好的比例关系并不明显，与古文献所记载有一定的差距。

第三种意见鉴于出土玉璧与《尔雅》之说并不相符，而且"好""肉"之比例也有歧义。故夏鼐先生认为瑗、环、璧不必细分，都是属于璧类。他在《汉代的玉器——汉代玉器中传统的延续和变化》一文中称："玉璧中有称为玉环和玉瑗的，一般是平素无花纹，实际上是圆孔较大的璧，可以不加区分。"按此定名法，今文物考古界和有的发掘报告多沿其说，把那些只要体扁圆，中心有一圆孔而不论孔径大小者皆称为玉璧。其中最明显的例子是中国社会科学院考古研究所编著的《殷墟妇好墓》一书，把许多"扁圆有孔器"，即不论其孔径的大小与玉质宽度的比例如何者，皆定名为玉璧。

在古玩市场上，已把瑗看成璧，有

大眼璧、中眼璧、小眼璧之分。玉环的形状与玉璧差得太多，仍叫玉环，不属于玉璧的范畴。

(2) 史前素璧鉴定

史前素璧鉴定较难，是因为可参照的因素较少，没有纹饰，就不能凭纹饰的特征来判断它的时代风格，也不能凭刀工来判断是否为古代的雕刻工艺。因此，鉴定史前素璧，只能从其基本器型和器型上的痕迹来判断真伪。

比较有效的痕迹包括：史前素璧的形状很少有完全正圆的；厚度不能一致；璧表面不太平整；中心穿孔一般都是对穿钻孔，往往留有台痕，有时还能发现穿孔时的螺旋纹。

还有一些痕迹只能作为参考，不能作为判断真伪的依据：

如史前素璧表面上会有许多蚀孔，但蚀孔不能决定史前素璧的真伪，因为仿制者可用一块本来就有蚀孔的玉料来制作。

不能把玉璧表面受侵蚀的痕迹，作为史前素璧真假的唯一依据；更不能把蚀孔中的微生物作为史前素璧真假的旁证，如此恐怕完全要上当。

有沁的素璧不一定是真的史前素璧。要会看高古玉器的沁色，千万不能把自

良渚文化　玉璧

然状态下形成的玉皮和沁色混为一谈，因为两者形成的原理相同，作伪者会用带皮的玉料来仿制史前素璧，让人误认为是沁色。

🌸 齐家文化 渔夫纹玉璧

（三）存世量分析

史前素璧大多出土于良渚文化遗址，数量较多。如 1982 年江苏武进县寺墩发掘一座良渚文化古墓，据报告该墓无墓坑，仅掩土埋葬。经化验墓主是一位年纪约 20 岁的男子，墓中发现陶制生活用具和玉制品 100 多件，其中玉璧有 24 件。

但形制近似的史前素璧，在良渚文化之前的诸文化中只是偶有发现。据笔者所知，四川巫山大溪文化、红山文化、大汶口文化发现过，只不过早年出土的红山文化、大汶口文化玉璧，多为民间收藏品，或已于早年流失于海外。

🌸 龙山文化 玉璧

🔥 夏代 玉璧

🔥 大汶口文化 玉璧

除上述三个文化以外，与良渚文化年代差不多和稍后的一些文化和地区也偶有玉璧出土的报道：如安徽含山文化出土数件，湖北荆州地区石家河文化出土几件，山东省安丘景芝镇龙山文化墓葬中发现一件，广东省曲江县石峡文化墓葬中发现一件，甘肃省武威县皇娘娘台等地齐家文化墓葬出土多件等。

史前素璧存世量较多，经过多年市场研究，发现流入市场的素璧约有4万件至5万件左右，以齐家文化最为多见，其他文化较少。

（四）影响收藏价值的因素

由于学术界对史前素璧介绍不够，加之专业鉴定人员对无纹饰玉器不重视，许多收藏爱好者认为有纹饰的玉器要比无纹饰的玉器值钱，所以史前素璧的价格一直处于偏低的状况。加上史前素璧的材质都不大好，其上无纹，不仅易于仿制，也不易鉴别，这些成为影响史前素璧价值的重要因素。

（五）目前国内外市场行情

史前素璧在国内外各大拍卖会上较常见，观总体价格，国外比国内价格高一至二倍，史前素璧在国外最高价可达人民币百万元以上，国内价格在3万元至8万元左右，还有一些小型素璧，价格更低。

一、史前素璧

商代 玉璧

（六）投资增值依据

史前素璧是新石器时代玉器中价格偏低的一类。但史前素璧毕竟是货真价实、又与玉文化源头有关的玉器，在国人心目中具有神圣感与贵重感，在文化上易被更多的收藏者接受。

二、玉工具

（一）释名与沿革

1. 释名

玉工具，是指史前先民以玉为材料制作的工具，有玉针、玉纺轮、玉斧、玉铲、玉锛、玉凿、玉刀等，其中有一部分是史前先民使用的生产工具（实用具），有一部分玉工具并不是实用工具，虽然也有同类石工具之形，具有实用功能，却很少使用或根本不曾使用过，实为玉礼仪用品。

商、周时期仍有玉工具制作，但很多已用作玉礼器了。

2. 沿革

史前考古资料表明，最早出现的玉器是玉工具。玉工具出现年代晚于石器，这符合石器工具的进化规律。

在漫长的旧石器时代，原始先民用打制方法制石器时，逐渐把一些好看的石头从普通的石头中筛选出来，专门用来制作一些有特殊用途的工具。这些在旧石器时代晚期出现的玉工具，数量很少，也是用打制法制成的。

（二）工艺特点、品类与鉴定

1. 工艺技术

从现有考古资料分析，不管有无所谓"以石为兵"和"以玉为兵"的时代，最早出现的玉器——玉工具，始于新石器时代是毫无异议的。虽然玉工具出现后，石器仍广泛使用，而且很多情况下是玉、石工具并用或不分。

在距今一万年前的新石器时代，原始先民普遍使用磨制法来制作石工具，

新石器时代　玉斧

也用磨制法来制作玉工具。由此可知，玉器工艺是在石器工艺的基础上产生的，是石材精选的结果。

2. 品类

(1) 玉针

考古资料说明，旧石器时代的衣服是用针或锥缝缀而成的。旧石器时代的针或锥，在距今一万年前的北京山顶洞人遗址已发现多件，只不过针是用石或骨磨制而成的，主要用途是缝衣。值得注意的是，在人类广泛使用骨针，青铜针还没有出现以前，已有玉针出现。良渚文化考古两次发现，其中一件玉针是在江苏越城良渚文化早期墓葬中出土，距今约 5000 年。

从出土的玉针来看，除长短和粗细不同外，形制与早期骨针相同，也和现

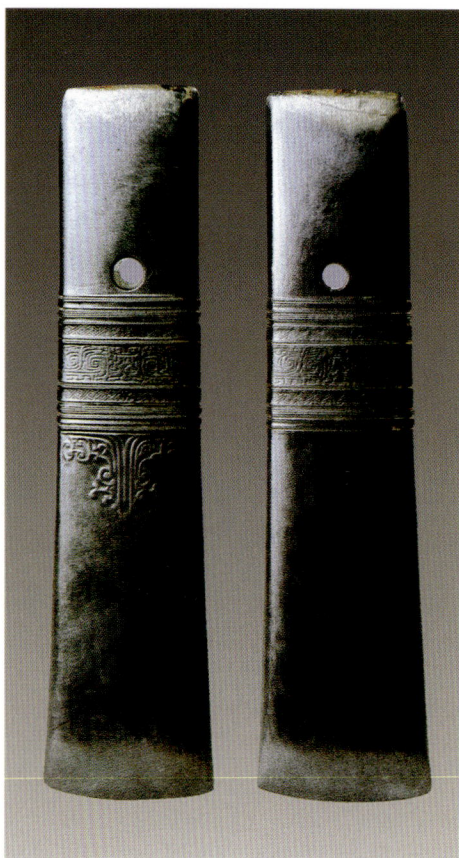

🌸 龙山文化　玉斧

🌸 新石器时期　玉斧

在使用的属针相似。这是因针的功能所决定的。

（2）玉锥

玉锥由骨锥演化而来，是新石器时代应用较广泛的一类工具。良渚文化出土了很多玉锥，做工精美，有的玉锥上面琢有纹饰，据推测是古代掌权者使用，或用于礼仪、祭祀。

玉锥的形状很像玉针，只不过较粗，尖端无孔（因玉锥的用途是锥孔），粗端嵌插入木柄中，便于使用。制作时间多在新石器时代。

（3）玉斧

玉斧是由石斧演化而来，是新石器时代开始出现的一类玉工具，以后一直制作，后因青铜斧的出现而消失。但总体来看，年代越晚，遗物渐少。

斧，古时名镈或镦，又名戚、斤，是人类早期最重要的、多用途的砍削工具。石斧在一万年以前的旧石器时代已有制作和使用。

玉斧晚于石斧，但也在新石器文化遗址中普遍发现，玉斧用途与石斧不同，至少是在新石器晚期开始脱离实用而专用于礼仪、祭祀。因此，玉斧在玉器发展史上具有礼仪之器先驱的地位，是后来许多玉制礼器产生、演变的原始器形，如钺、圭等。圭后来逐渐演化成圭，主又演化成璋、戚等。

玉斧一般呈扁平长方条形或梯形，断面或作长方形或作椭圆形或作四方委角形；两端有的平直，有的弧凸；侧边平直，个别有两腰略收的；一端有的两面斜削成刃，有的一面磨成刃，其刃或平直，或凸弧或斜直干；一端的两面，有的无孔（早期），有的穿钻一或两个圆孔，孔眼呈喇叭形或漏斗形。其孔显然是供与柄结扎用，有的似供穿系佩饰用。玉斧长短、宽窄和厚薄不等。其中最长者达30多厘米，最宽为6厘米至7厘米，厚约1厘米。最小一件是湖南沣县梦溪大溪文化出土的一件，长仅2.9厘米，最宽处2厘米。

由于新石器晚期玉斧都发现于大墓中，而且与其他珍贵品同出，证明墓主

🌸 龙山文化 青玉斧

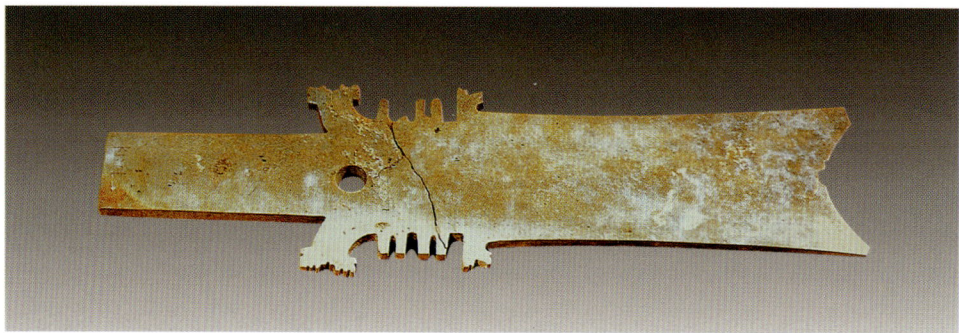

🏵 三星堆 玉戚

的身份和地位比较高，说明玉斧的拥有者，都是掌握权力的人。凡有玉斧出土的殷商或西周大墓，墓主都是王室贵族或国王，可见玉斧已完全脱离实用，进而成为权势和财富的象征。

精工制作的大玉钺已成为礼仪用具或陪葬用具。这种大玉钺在良渚文化大墓多有发现，当时已发展成为象征氏族首领、军事首领权力的礼器。大型玉钺、青铜

（4）玉钺

玉钺由玉斧演变而来，产生于新石器时代晚期，流行于商、西周。玉钺的形状像大石斧，多有大穿孔，商代玉钺多琢有兽面等纹饰。商周青铜钺多由玉钺演化而来，其形态颇具庄严、神秘感。

钺本属兵器类，用于临战砍杀。但

🏵 良渚文化 兽面纹玉钺

🏵 良渚文化 玉钺

钺后来成为王权的象征。《史纪·殷本纪》载："汤自把钺，以伐昆吾，遂伐桀。""（商王）赐（文王）弓矢、斧钺，使得征伐，为西伯。"由此可知钺与军事统帅权和王权之间有着非常重要的关系。

（5）玉刀、玉镰

玉刀、玉镰在新石器时代各考古遗址都有出土。它和石刀、石镰都是新石器时代人类使用最广泛的生产工具，只是玉质工具数量较少。

刀是当时人们用来修理、制作工具，切割、加工野生动物皮肉以及作为狩猎、战争武器等活动的用具。河南偃师二里头文化出土的一件大型七孔玉刀，上面还琢有线形纹饰，估计应是礼仪用具。玉刀在商代初期已用于礼仪，商代中晚期的玉刀刀面常刻有华丽的纹饰，用途已是礼仪或装饰。商代以后玉刀就很少

🏵 良渚文化　玉钺

见了。看图录上的玉刀都制作很简单，大概是比较偏重于收割用的农具而非武器。

玉镰是新石器时代收割农作物的工具，常用来收割谷、粟、稻、糜等。镰

🏵 三代　青白玉钺

上多有小孔，用来系绳套在手或其他工具上使用。

玉刀、玉镰在中国玉器史上占有重要地位。后世的很多玉器品种衍生于刀和镰。根据形状，如璋、矛、剑等估计是由刀、镰演化而来，戈也应是由镰演化而来。

(6) 玉纺轮

在旧石器时代，人们就会利用石、陶纺轮把植物纤维、兽毛纺成线，再织成面料。当时纺线用手拧或借助简单的器具——纺轮，转动而成。考古发掘出大量纺轮，它是古代先民利用旋转力矩将兽毛、纤维拧成线或绳的工具。

新石器时代各文化都有纺轮出土，无论是陶质、石质、玉质、骨质，形制大同小异，均呈扁平状或中部略厚边缘渐薄的圆体，中心还有一圆孔，可插进

商代 青白玉玉钺

一竹木材料做成的轴杆，整体似同期或之后出现的系璧。此后的夏商时期，偶有发现。

(7) 玉锛

玉锛造型似斧和凿，但较斧厚长，而较玉凿扁宽，无穿孔，呈不规则的长方形，一面磨成刃。其始创期可追溯到新石器时代早期，在夏商和西周还时有出现，至春秋以后消失。早期玉锛几与石器时代的石锛相同，可知它们是前后相关的器物，只不过所用材用料和用途略有不同。

玉锛流行期很长，但总体来看，还是在新石器时代早期较多，后期暂少，至西周以后，似已消失不见。消失的原因，主要是被青铜锛取而代之。

🌸 西周 玉钺

玉锛的另一重要变化是多数于近肩处有一圆穿孔，少数仍是早期那样的无穿孔玉锛。玉锛上之所以有穿孔，推测有两种可能，即一是便于捆扎牢固；二

🌸 夏代 玉钺

🐚 龙山文化 神人兽面纹玉锛

是有的玉锛已作玩赏珍品收藏，其上穿孔是供系绳索佩挂用的。玉锛的刃，多是由两面磨成，而两面磨坡的面虽大小有别，但也无明显之分，另其刃端多呈外弧状，其肩端亦见斜行直削者，而早期出现的扁尖和钝刃状肩者则不见。

（8）玉铲

铲是古名称，又作"剗"。玉铲源于石铲，玉铲、石铲消失的原因，一是一部分高级用品已转变为玉钺；二是一般用品包括实用铲，从商代已出现青铜铲的情况分析，它已由金属铲代替。因此，目前许多考据家认为青铜钺和青铜铲，都是从比其更早的玉铲、石铲发展而来。

在古墓葬和古文化遗址的考古发掘中，时见报告中称发现玉铲。在国内外各地博物馆和私人收藏者手中也有一些早年出土的玉铲。

玉铲在新石器时代已出现。从考古报告来看，年代最早的玉铲出自大汶口文化，器形较大、较薄，制作精美，已

🐚 大汶口文化 玉铲

🏵 龙山文化　玉铲

脱离实用而成为礼仪用品。由此推测，玉铲制作和使用已相当长久，故不能排除在新石器早期已制作玉铲的可能，当时还有实用性。此后，玉铲或近似玉料制成铲在薛家岗文化、龙山文化、良渚文化、大溪文化、石峡文化和齐家文化等新石器时期文化中都有发现，并延续至西周。

玉铲与玉斧、玉钺也有区别，玉铲比玉斧扁薄宽短，如厚度，玉斧有1厘米以上者，而玉铲多在1厘米以下；如长度，有的玉斧长达30余厘米，而玉铲除个别特殊作用者外，未见长度超过30厘米者；宽度差别更明显，有的玉铲宽度接近长度，一般的长与宽的比例是3：2，这对于玉斧是极少的。

3. 鉴别要点

对于玉工具的鉴别，要重视两点：

第一，对玉工具所用玉种（即玉的品种）不必苛求是和田玉。因为在新石器时代晚期，原始先民制作玉工具时，选料注重石材外观美，只要比一般石料

🏵 夏代　玉戈

商代 玉"乍册吾"铭戈

美、硬、光亮就行，选料标准是"石之美"者。由于原始先民的活动范围有限，石材只能是就地取料，其中有后世人们称为半玉半石者，也有称为玉者。此时中原地区的原始先民未必知道有和田玉，到了殷商时期，中原地区才有和田玉的传入。

第二，新石器时代与旧石器时代的根本区别，是制作石（包括玉石）器的方法不同。旧石器时代制作玉石器是用打制法，新石器时代制作石器或玉器均用磨制法，而且同一时期玉工具、石工具的形制并无明显的差别。

对史前玉工具的鉴定，切忌一叶障目，以偏概全。例如原始玉器的器表上都有被氧化、腐蚀而出现的次生变化，还有些玉工具上留有当时切割、钻孔解玉砂的痕迹。这些都是应当重视的鉴定特征。

（三）存世量分析

新石器时代玉器以玉工具为主，仅有少量玉装饰品，因此玉工具的数量较多，流入古玩市场约有 5 万件以上，其中不包含夏商时期用作玉礼仪的各种玉工具。由于新石器时代玉工具存世量庞大，价格较低，所以推荐收藏者去投资。

（四）影响收藏价值的因素

现在很多收藏者都认为：玉工具虽属于高古玉器，年份很老，但用料不好，制作工艺不够精美，不好看，只有历史价值没有艺术价值。持这种认识的人不少，因而玉工具的收藏价格一向较低。

玉工具的形制确实是比较简单，缺少艺术性，也缺乏玉学界的正确引导，

所以不容易得到玉器收藏者的重视。

另外，收藏者易陷入玉工具用途的讨论中，忽视玉工具本身的文化内涵，这在一定程度上影响了玉工具的收藏价值。

其实收藏一些玉工具，是很有意义的，别的姑且不说，单凭花费不多，便可收藏一些高古玉的标本，对于今后收藏鉴定高古玉就很有意义。

（五）目前国内外市场行情

玉工具在国内外的拍卖会上皆有拍卖，国外价格约比国内高出3倍至5倍，国内价格以玉铲为例，拍卖价格在人民币10万元至20万元，一般民间交易价在人民币3万元左右，有时成交价格比此更低。

（六）投资增值依据

新石器时代玉工具是中国玉文化之始，是各种玉器的祖形，制作工艺原始，形制古朴古拙，应在玉器发展史上占有重要地位。目前收藏者的认识还没有到位，新石器时代玉工具的价位不高，仍有较大的升值空间。这是投资增值的依据之一。

新石器时代玉工具，是我们探索玉文化源头的重要资料，根据考古资料，最早出现的玉礼器都是从石工具演变而

🌸 商代 龙面纹玉戈

来的玉工具，典型器有玉斧、玉圭、玉琮、玉刀、玉钺、玉戈等，最后都演变成象征权力的玉礼器及原始宗教祭祀用品，是新石器时代至商周时期制品，属于高古玉器的范畴。新石器时代玉工具，虽然没有玉礼品那样热门，但同样在古玉器研究方面具有重要的意义。假以时日，人们认识到这种重要性，就是机遇。这是投资增值的依据之二。

三、玛瑙器

（一）释名与沿革

1. 释名

用玛瑙制作的首饰、器物、雕刻摆件，文博考古界泛称为玛瑙器。

玛瑙属于天然产出的石英石（化学成分二氧化硅，矿物名称玉髓）中的一种，是人类最早发现的美石之一，用于制作首饰装饰品及器物。我国古籍把红黄色玛瑙称为"琼玉""赤玉""火玉"。

玛瑙一词源于佛经，梵语名"阿斯玛加波"，意为"马脑"，为佛家"七宝"之一。佛教传入中国后，赤玉、火玉等古名逐渐不用了，改称为玛瑙。

从严格的意义上讲，玛瑙特指具有同心层状纹带、平行纹带或各种彩色纹带的玉髓。古人因花纹定名玛瑙，有缠丝玛瑙、柏枝玛瑙、锦红玛瑙、竹叶玛瑙、

🏵 红山文化 玛瑙串佩饰

曲蟮玛瑙、酱斑玛瑙等细化名称。单色玉髓不算是玛瑙。然而人们习惯以色定名，在玛瑙名称流行之后，便把单色玉髓中的红、蓝、紫、绿、黄、白（透明）色等品种称为红玛瑙、黄玛瑙、蓝玛瑙、紫玛瑙、绿玛瑙等，其中以红黄色玛瑙数量最多，也最常见，古称琼玉、赤玉、火玉，做赤璋礼南方。

玛瑙中还有含包裹体而闻名的水胆

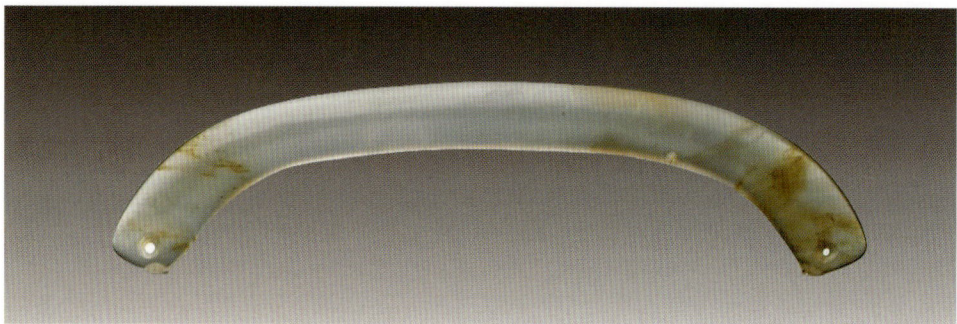

🏵 北阴阳营文化 玛瑙璜

玛瑙，这种玛瑙中有封闭的空洞，空洞含有水或水溶液，透明度高且无裂纹和瑕疵者是极好的玉雕材料。

玛瑙一直是中国玉器行业常用玉材之一，是一种中低档玉料。玛瑙的用途非常广泛。它可以作为药用、宝石、玉器、首饰、工艺品材料、研磨工具、仪表轴承等。

2. 沿革

玛瑙作为玉石的一种，长期以来作为装饰品而为人所共知。

玛瑙饰品出现于五六千年前的新石器时代。2006年江苏溧阳神墩遗址发现的马家浜文化氏族墓地便有玉髓玛瑙质地的珠、管、坠子等出土。

春秋战国时期，玛瑙饰品较为普遍，由单粒玛瑙珠管饰向大型佩饰件演变，成为组玉佩中的重要组成部分。其中以素面斜棱环最为典型，这类佩环断面近似于菱形或有起平台面，表面打磨光素，

🌸 春秋晚期 玛瑙管

🌸 春秋晚期 玛瑙玉珠

不加纹饰，以"材质之莹润、斑斓和加工精整见长"（傅忠谟语），最早见于洛阳中州路春秋晚期墓中，湖北随州擂鼓墩2号战国墓中亦有较多出土。山东地区亦有较多考古发现。这类战国玛瑙环以白色或透明色为多，以带红色缟状纹者最为珍贵。

战国组玉佩中玛瑙质地觿形器，也是较典型的玛瑙器，在山东曲阜战国墓中曾出土3件。此类玉觿体型为抽象龙形，中有孔道用以佩系，多用在组佩的下端，撞击时发出悦耳的声音，有《礼记》所记"行则鸣佩玉"的效果；又以其形似牙，故又名冲牙。竹节形玛瑙管、虎头形玛瑙珩也是战国齐地玛瑙所常见，古玩市场上可觅到，现在价格都不菲了。

汉代，流行玛瑙珠串，结束了玛瑙珠管一直作为其他玉饰配件的历史。汉代有特色的玛瑙器还有玉剑具中的剑璏及玛瑙印章（扬州甘泉老虎墩汉墓）。汉代所用玛瑙，以白色透明及带红色缟纹者为主，常见有玉剑璏，红色雄浑大气，堪称汉代玉器精品。这类玛瑙材质在汉

代以后便不常见。在东北阜新朝阳发现类似颜色的缟玛瑙，被现代玩家称为"战国红"；又在四川大凉山地区发现鲜艳红色玛瑙，人称"南红"。

唐代玛瑙器，文献记载不少，但实物出土并不多，而最引人注目的是玛瑙器皿，从目前掌握的资料来看，唐代玛瑙器皿仅发现几件，它们是西安何家村窖藏出土的兽首玛瑙杯、玛瑙长杯、以及西安博物院收藏的玛瑙钵。

兽首玛瑙杯，西安何家村窖藏出土，高 6.5 厘米，长 15.6 厘米，口径 5.6 厘米，此杯造型、材质、工艺都堪称一绝，以酱红地缠橙黄夹乳白缟带的玛瑙制作，造型为弯角形杯，它上口近圆形，下批部为羚羊首形，口鼻部装有金帽，能够卸下，内部有流，可用来饮酒，材质晶莹含光，造型美丽生动，加之金玉辉映，集艺术性和实用性为一体，是目前所见玛瑙角杯中最瑰丽的一件，是国内独一无二之珍品。

玛瑙长杯，西安何家村窖藏出土，高 4.2 厘米、长径 11.2 厘米、短径 7 厘米，以红褐色玛瑙琢制，俯视杯口为椭圆形，但两头上翘，中间下凹，圆底，形似一弯新月。光素的杯身上散布着黄、白色的天然纹理，为饮酒器。

玛瑙长杯（二），西安何家村窖藏出土，饮酒器，通高 3.7 厘米、长径 13.5 厘米、短径 6.6 厘米，以深褐色夹乳白缟带及缠丝等多种纹理的玛瑙雕琢，长椭圆形杯体，口沿微敛，腹部外鼓，下端内收，杯腔内底光滑，外底附一矮圈足。虽无雕琢纹样，但选用的玛瑙纹理自然交错，流光溢彩，其美丽动人，使人工雕琢相形见绌。

玛瑙钵，高 7.5 厘米、口径 13.5 厘米，敞口，深腹，圆底。深红褐色与白色相间，呈缠丝状，为医药用研钵，形制简单，纹理色泽可爱。

🏵 东汉 玛瑙剑珌

🏵 战国中期 玛瑙环

1970 年 10 月在西安市南郊何家村发现两陶瓮及一提梁罐唐代窖藏文物，除了发现 270 件唐代金银器皿之外，发现的玉器、宝石等是迄今为止发现的唐代玉器数量最丰、品位最高的一批，其中包括兽首玛瑙杯和两件玛瑙长杯，而且两件玛瑙长杯置于提梁罐内，罐盖内有墨书注明存放物品的名称，"玉杯一、玛瑙杯二、琉璃杯碗各一"。对于此窖藏埋藏的时间和地点，学术界有不同意见，齐东方先生经过考证，认为"何家村遗宝埋藏地点是刘震宅，埋藏时间是德宗建中四年（783 年）泾原兵变爆发之时"，而遗宝是租庸使刘震"收缴上来的庸调及官府的财宝"。

玛瑙钵虽然是西安市博物院征集，具体的出土地点不详，但发现于唐京城所在地，这一点确信无疑。因此，唐玛瑙器皿都发现于京城，而其他地区则少见，这说明它的稀少和尊贵。

元代女真族、蒙古族都喜欢玛瑙器。中国北方有多处玛瑙产地，元代还设有玛瑙局，负责开采玛瑙料及玛瑙器的生产。

明清时期，玛瑙作为玉行常规材料，各种玛瑙器、饰品、摆件大量生产，其中以玛瑙巧色者最有艺术魅力，成为不可以再次制作，也不可能复制的艺术珍品。

（二）工艺特点、品类与鉴定

1. 工艺技术

玛瑙器制作采用玉雕工艺，由于玛

🌸 北齐 玛瑙狮纹饰器

瑙不仅有多种颜色，而且有多种颜色集于一块玛瑙料的现象，所以玛瑙器制作工艺更注重对颜色的运用，也就是"巧用色"或"俏色"玛瑙器，如此才是上等艺术品。

2. 品类

投资玛瑙的门槛不高，但眼光一定要独到。俗语有"千种玛瑙万种玉"的

🔶 唐代 玛瑙钵

说法，因此投资玛瑙的首要问题是要搞清玛瑙的种类。

（1）红玛瑙

红玛瑙即红色的玛瑙，呈色有褐红、酱红、红、橙红等色。古代称为"赤玉"，是玛瑙中最好的品种之一，有"玛瑙无红一世穷"之说。但是天然产出的红玛瑙不多，尤其是大块者。现代有了热处理和染色技术，红玛瑙便很常见并且物美价廉了。

业内对红玛瑙有东红玛瑙和西红玛瑙之分。东红玛瑙，古人因这种玛瑙来自日本，故名，是经加热处理后形成，又称"烧红玛瑙"，其中包括鲜红色，橙红色。西红玛瑙是指天然产红色玛瑙，有暗红色，也有艳红色。

🔶 唐代 玛瑙羚羊首杯

(2) 蓝玛瑙

指蓝色或蓝白色相间的玛瑙。这是一种颜色十分美丽的玛瑙，块度大者是玉雕的好料。优质者颜色深蓝，次者颜色浅淡。蓝白相间者也十分美丽，当有细纹带构造时，则属于缠丝玛瑙中的品种。目前中国市场上产的蓝玛瑙制品，多半由人工染色而成，其色泽浓郁，易与天然玛瑙区分。

(3) 紫玛瑙

紫色玛瑙，多呈单一的紫色，优质者颜色如同紫水晶，而且光亮。次者色淡，或不够光亮，俗称"闷"。紫玛瑙在自然界属少见，见者多为人工染色而成。

(4) 绿玛瑙

绿色玛瑙，自然界几乎不见绿玛瑙，

🏵 清代　红玛瑙俏色福寿洗

目前我国珠宝市场上的绿玛瑙基本都是人工着色而成，其色泽艳绿，有的色似翡翠，但有经验者很容易将其同翡翠区分。绿玛瑙颜色"单薄"，质地无翠性，性脆；而翡翠颜色"浑厚"，质地有翠

🏵 南宋　玛瑙环耳杯

性且韧性大。

（5）黑玛瑙

即黑色的玛瑙。自然界少见黑玛瑙，我国珠宝市场上的黑玛瑙也多是人工着色而成，其色浓黑，易与其他黑色玉石相混，以其硬度大于黑曜岩等区分。

（6）白玛瑙

即白色（透明、半透明）的玛瑙。东北辽宁省产出的一种白玛瑙，多用于制作珠子，然后进行人工着色，可以着色成蓝、绿、黑等色。这种白色玛瑙，大块者也用作玉器原料，同时在局部染成俏色加以利用。

（7）其他颜色的玛瑙

其他颜色的玛瑙，均可按不同颜色加以命名，它们大多颜色分布不均，不同颜色相间分布，呈条带状、环带状、缠丝状及条纹状。

3. 鉴定

（1）天然玛瑙与人造玛瑙、染色玛瑙的鉴别

人造玛瑙有玻璃质（料器、琉璃）、合成玛瑙（环氧树脂掺入玛瑙石粉）等，虽然它的纹理、色泽度与天然玛瑙相媲美，但经济价值低，不能按真玛瑙计价。

我国染色玛瑙有六七十年的历史，是将白色（透明和半透明）玛瑙进行离子染色（与一般理解的"染色"原理不同）而成，有蓝色、绿色、紫色等，因材质是真的，又是离子染色，外观品质较好。但与天然蓝色、绿色、紫色玛瑙毕竟不同，

元代 玛瑙带把杯

在经济价值上有较大差异。

举玛瑙首饰为例，可从以下三个方面来辨别真伪：

①颜色：天然玛瑙色泽鲜明光亮，人造玛瑙的颜色和光亮度均差一些，二者对比较为明显。天然红玛瑙颜色分明，条带十分明显，经仔细观察，在红色条带处可见密集排列的细小红色斑点。人工合成玛瑙的颜色艳丽，分布均匀。

染色蓝玛瑙颜色艳丽、均匀，给人一种不自然的感觉，几年之后，会逐渐褪色。

②质地：常见的假玛瑙为玻璃质（料器、琉璃。琉璃，也就是现代玻璃的前身）。就外观来看，琉璃制品中存在少许气泡，这是鉴别玛瑙真假的关键所在，只要找来实物相互比较就能看出门道。人工合成玛瑙制品较天然玛瑙质地软，用玉可划出痕迹，而天然玛瑙则难留下痕迹。天然玛瑙的透明度不如人造玛瑙好，稍有混沌，有的可看见自然水线或"云彩"，而人造玛瑙的透明度好，像玻璃球一样透澈。

③手感温度：真玛瑙冬暖夏凉，而玻璃质（料器、琉璃）玛瑙和人工合成玛瑙，会随外界温度而变化，天热它也变热，天凉它也变凉。

④重量：天然玛瑙首饰较玻璃质（料器、琉璃）玛瑙和人工合成玛瑙首饰重一些。

（2）新、老玛瑙器的鉴定

新玛瑙器是现代制作的仿古玛瑙器，因工具进步，制作玛瑙器的工效比古代高得多，所以有不少仿古玛瑙器上市。

在古代，玛瑙是罕见之物，人们以"珍珠玛瑙"表示是宝物。因新、老玛瑙器

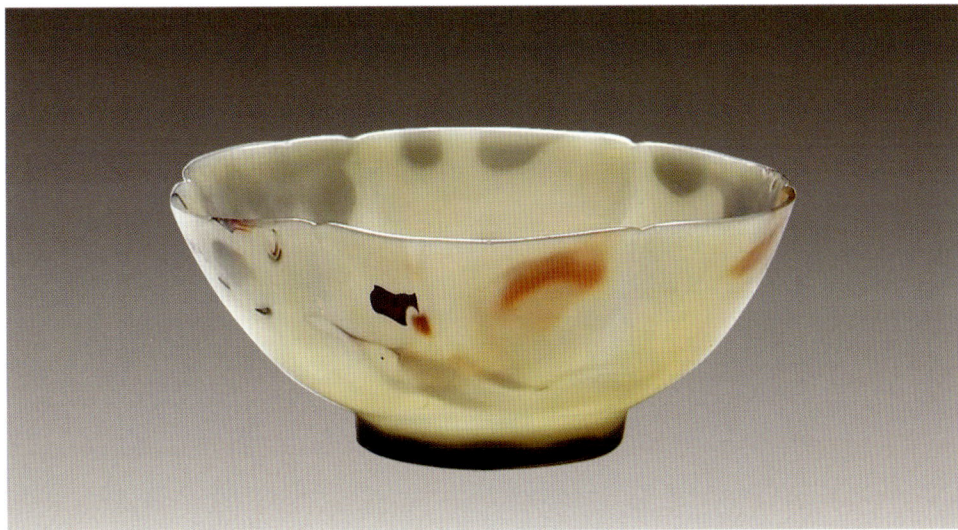

🌸 清代　玛瑙葵花式碗

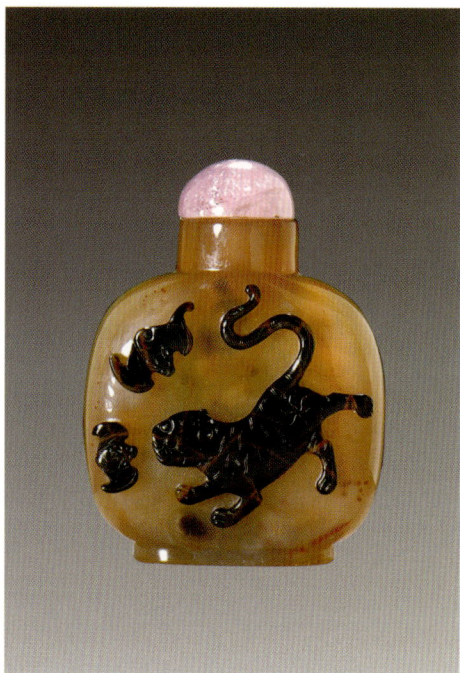

玛瑙"福寿双全"图鼻烟壶

的文物价值有较大差别，故要进行鉴定。

①制作工艺：明清玛瑙器是用水凳进行制作的，器物上会留下相应的工艺痕迹，如玛瑙珠打孔是用沙钻，是从两端向中心钻孔，所以玛瑙珠上的孔呈两个对接的喇叭形，孔壁不光洁，孔壁对不齐，其间通常会留下一两个接孔平台。

现代玛瑙珠是用超声波振动带动金刚砂打孔，打孔时钉不必旋转，孔径是一条笔直光洁的细的管道。如果你看到一通到底很平滑的线孔，可判定是现代制品。

②看玛瑙的包浆：仿冒品颜色鲜亮，光泽较新，钻洞内壁打磨光滑，亮度强，老玛瑙由于存世时间久，会与空气、人体汗液等长时间接触而发生些细微的色变，色泽看上去较为淡雅，类似于亚光效果，其动过"刀"的部分与未动过"刀"的部分包浆浑然一体。

③看材质：要从材质上进行鉴别，如一些以树化木等材质制成的玛瑙器，是近年新制的工艺品。在古代，这类材质从未用过。

(3) 玛瑙与水晶的异同

水晶和玛瑙的化学成分都是二氧化硅，但水晶是单晶体，一块水晶通常是一个水晶晶体，玛瑙是多晶集合体，在电子显微镜下看到玛瑙是由无数微小的二氧化硅的晶体组成，所以通常玛瑙是半透明的，而水晶则是透明的。两者在很多情况下还会共生，就会形成水晶店销售的水晶洞。

(4) 玛瑙产地

古代玛瑙有来自西域、印度、波斯、康国、日本等国的贡品，也有产自我国内地的。如东北扶余（治所在今吉林四平市）和挹娄（民族名，生活在长白山北，松花江、黑龙江下游，这里自古以出"赤石"享名，见《后汉书·东夷传》）。此外，蔚州（今蔚县）九空山和宣府（宣化）四角山（见《天工开物》），甘肃和宁夏一带（见《博物要览》），陕西延安府神木和府谷地区（见《广舆记》），汝州赤岭镇（见《宋史》），广西壮族

🌸 巧色玛瑙印泥盒

自治区博白县（见《博白县志》），南京雨花台（见《珍玩续考》）等地，均产有玛瑙。

现今我国地质工作者在西北、华北、东北以及西南、华南许多地区都探明有玛瑙的产地。古今中外，因为玛瑙产地众多，所以鉴定出土玛瑙的玉料来源就不那么容易了。如著名的唐代兽首玛瑙杯，其玉料来源就搞不清楚。另外，整个欧洲、北美以及东南亚也盛产玛瑙，世界最著名的产地有印度、巴西等地。

（三）存世量分析

依据考古发掘报告以及笔者多年来的收藏经验，知道古代玛瑙器是很多的。以战国、汉代及明清最为多见，总数约有3万件至5万件（不含小珠），元代以前的约有1万件左右（不含小珠）。

春秋战国时期，是中国玉器发展的重要时期，政治上诸侯争霸，学术上百家争鸣，文化艺术上百花齐放，玉器艺术也光辉灿烂。地处山东半岛的齐国，在春秋时期一度成为五霸之首，战国时期又是七雄之一，国势强盛，实力雄厚，其玉文化发展非他国可比。凭借强大的国力，齐国国君和王室贵族不但拥有大量玉器，而且将玉器作为上等货币在上层社会流通，故《管子·国蓄》载："先王……以珠玉为上币，以黄金为中币，以刀布为下币。"与东周各国不同，齐国玉器中，水晶器（水玉）和玛瑙器（赤玉）所占比例非常大。

据山东考古研究所编著的《临淄齐墓》一书记载，在科学发掘的十九座战国齐墓中，出土的水晶器1435件，出土的玛瑙器514件。同时，大量水晶玛瑙器流散在社会上，被资深收藏家所珍藏。

（四）影响收藏价值的因素

因古代玛瑙器的数量较大，加之近年来玛瑙开采极多，价格便宜，冲淡了古代玛瑙器的价格。玛瑙属石英岩的结晶体，大块不多见，故玛瑙器以小件佩饰及珠串为主，艺术造型摆件相对少见。

对玛瑙进行质量和经济价值评判，一般以肉眼鉴别为主。尽管现代科学技术发达，出现了各种鉴定玉石的仪器，但在交易过程中使用这些仪器很不方便，而且不能解决问题。因为使用仪器鉴定玛瑙，对鉴定环境有一定的要求，一般交易场所很难达到，此时若想判定玛瑙的品质及经济价值，仪器就毫无用途了。因此，肉眼鉴别始终是一种极其重要的方法。

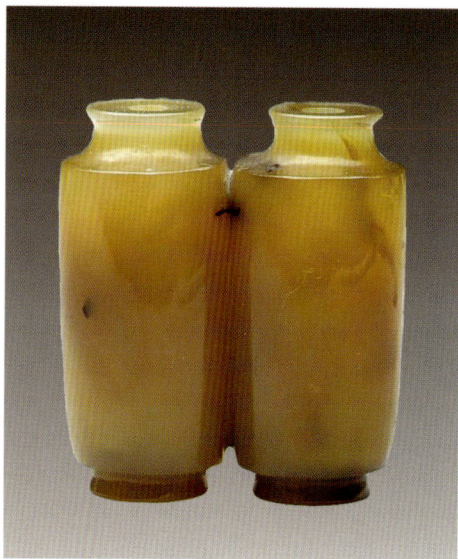

清代 玛瑙双联瓶鼻烟壶

（五）目前国内外市场行情

玛瑙种类繁多，素有"千样玛瑙万种玉"之说。通常以纹带、颜色、透明度、裂纹、杂质、砂心和块重作为分级标准，除水胆玛瑙最为珍贵外，一般以搭配和谐的俏色原料为佳品。

一般来说，玛瑙质量好坏的鉴别和经济价值的评定主要分级如下：

1. 特级

纹带自然美丽；颜色纯正，明快的红、蓝、紫、粉红色；透明度好，即半透明；无裂纹、无砂心、无杂质；块重约5公斤以上者。

2. 一级

纹带自然美丽；颜色纯正，明快的红、蓝、紫、粉红色；透明度好，即半透明；无裂纹、无砂心、无杂质；块重约2-5公斤者。

3. 二级

纹带自然美丽；颜色纯正，明快的红、蓝、紫、粉红色；透明度好，即半透明；无裂纹、无砂心、无杂质；块重约0.5-2公斤者。

4. 三级

纹带美丽；颜色纯正，明快的红、蓝、

🌸 清代 玛瑙龙带钩

紫、粉红色；透明度好，即半透明；无裂纹、无砂心、无杂质；块重约0.5公斤以下者。

玛瑙在国内外各大拍卖会上皆有出现，总体价格相当，价格也不高，小件多在数千元至数万元不等。战国玛瑙小环多在人民币1000元至3000元左右。

（六）投资增值依据

玛瑙器价格在十几年前就跌到与水晶、孔雀石器齐同的位置。但物极必反，近几年来不少精雕细琢的玛瑙器皿，屡次在拍卖市场上创造佳绩，将玛瑙的工艺价值提升到了前所未遇的历史高度。投资者不妨选择巧色好、做工好的玛瑙器入手。

随着老玛瑙收藏的逐渐升温，以平均每年近80%的幅度增值。尽管老玛瑙品种、历史的研究还有诸多空白，可供参考的资料也不多，但从收藏市场来看，老玛瑙已成为普通藏家和高端投资者的新宠。

玛瑙在古代就是一种珍贵的玉材，在《山海经》称作"九玉"或"赤玉"，与和田玉一样被古人所重，被称为"佛家七宝"之一。玛瑙同玉一样具有丰富的文化内涵与文物价值。其升值依据有：古文化丰富的载体，精品大件数量稀少，玉文化中的重要成员，目前的低价位。

四、水晶器

（一）释名与沿革

1. 释名

用水晶制作的首饰、器物、雕刻摆件，文博考古界泛称为水晶器。

水晶是一种无色透明的石英单晶体，因晶莹透明、温润素净而被人们视为圣洁之物，吉祥之象征。水晶在中国最古老的名称是"水玉"，意谓似水之玉，又说是"千年之冰所化"。"水玉"一词早频繁出于《山海经》中："又东三百里，曰堂庭之山……多水玉"；"丹山出焉，东南流注于洛水，其中多水玉"；"逐水出焉，北流注于渭，其中多水玉"。司马相如《上林赋》曰："水玉磊砢"。水晶得名水玉，古人是看重"其莹如水，其坚如玉"的质地。唐代诗人温庭筠《题李处士幽居》写道："水玉簪头白角巾，瑶琴寂历拂轻尘。"

水晶又名"水碧""水精"，近代人们用水晶研磨成眼镜片，又得名"眼镜石"。水晶还有地方俗称，如广州一带称水晶为"晶玉"，又名"鱼脑冻"；江苏东海县山民发现水晶会"窜火苗"，于是称作"放光石"。世间一物多名，虽不足为奇，但像水晶这样拥有这么多

🌸 春秋晚期 水晶珠串饰

别称的，实不多见。

水晶在工业方面用途很多，水晶可用作光学仪器和压电材料；优质水晶则多被用来制作工艺品。

2. 沿革

中国开始制作水晶器的历史，可追溯到旧石器时代，北京周口店猿人遗物中已有少量水晶品。

在距今2.8万年前的山西朔县峙峪村旧石器时代晚期遗址中，发现过一把用半透明水晶创制的斧形小刀，用打制法制成的复合刀刃工具，镶嵌在骨木把上"使用"。这是迄今所知年代最早的一件水晶器。

新石器时代晚期遗址中也常发现水晶装饰品，如广东珠海宝镜湾新石器晚期遗址出土的水晶玦，通体磨光，做工也算精美。河南新郑沙窝李出土的水晶

🌺 春秋晚期　水晶佩饰

🌺 春秋晚期　水晶佩饰

刮削器和饰品的历史足有 6000 年。距今约 5500 年的红山文化遗存中，除水晶凿、斧等工具外，还有珠子、耳坠等水晶饰品。

1976 年，河南安阳小屯村妇好墓中出土两件十分精美的水晶器，年代为公元前 12 世纪的殷商时期。

春秋时期，水晶饰物主要是珠子和手镯等。战国时期 500 多年中使用水晶制品

🌺 水晶十八子手串

四、水晶器

的场合越来越多，朝觐、盟约、婚葬、祭祀等场合，水晶制品都会充当贡物和信物。

20世纪70年代，吉林东汉墓中发现了精制的水晶珠，还首次发现了水晶制品。河北满城二号汉墓出土的一枚水晶印上朱砂残色犹存。

史前水晶器很少出土，因而格外珍贵。在玉器工艺成熟之后，水晶器才多起来，此后历代贵族墓葬都有水晶器出土，但总体数量不算多，传世品也不多。

元代设立了专门机构负责水晶的开

🌸 西汉后期 水晶剑璏

采和水晶器的制作，以满足朝廷的日用需求。

明清时期，水晶开始用于制作容器，水晶碗、水晶花插、水晶花瓶、水晶鼻烟壶等都是常见之物。由于水晶也有多种颜色，水晶制作也讲究巧用色。

清宫旧藏有一件明代"子冈"款茶晶梅花花插，高11.4厘米，口径4.2厘米，底径3.8厘米，是用一块有白斑的茶晶巧用色而成，茶色雕成梅树干形，白斑雕成俯仰白梅二枝，花蕾并茂。一面琢隐起两行行书"疏影横斜，暗香浮动"八字。末署圆形"子"、方形"冈"阴文二印。充满了文人画韵味，格调高雅，是水晶器中难得的俏色之作。

（二）工艺特点、品类与鉴定

1. 工艺特点

水晶器制作工艺与和田玉制作工艺相同，只不过因为水晶不仅有多种颜色，

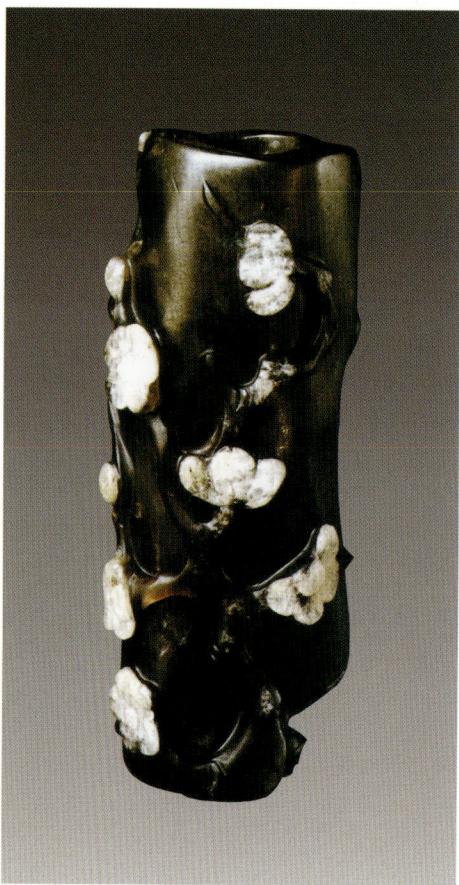

🌸 明代 茶晶梅花花插

而且也有多种颜色集于一块水晶料的现象，还有的水晶中有奇特的包裹体，因此水晶器制作工艺不仅注重对颜色的运用，更注重对"奇特的包裹体"的表现，如此才是上等艺术品。

2. 品类

水晶是石英，主要化学成分二氧化硅，常呈六方柱体和六方锥体，因含微量元素和内包物而呈现各种颜色和景观。玻璃光泽，摩氏硬度 7，颜色不一，无色透明的晶体名白水晶，还有紫水晶、黄水晶、烟晶（茶晶）、芙蓉石（粉晶）、红水晶等有色水晶。

另外，水晶属于隐晶石英，即结晶

🏵 元代　水晶摩尼佩.

🏵 南宋　水晶椭圆形环

的形状非常细小，要用显微镜才能看得清楚，外观上看起来平滑，成块状。

春秋战国以来的古墓中，水晶制品屡见不鲜，如生活用器、装饰物什、陈设器皿等等，颜色则有无色透明、紫、红、黑等。

（1）白水晶

这种水晶无色透明如清水，毫无裂纹包体等瑕疵。由于无色显得不太美观，故一般不用作宝石，而只用以雕琢工艺品，其中最著名的是水晶圆球。

水晶是晶体，传热很快，手摸着它总是冰凉的感觉。在古代欧洲帝王及达官贵人家中，常在室内摆设晶莹透明的水晶

🌸 元代 水晶蝉

球，为的是使人看着能解除炎暑的烦燥，摸着感到凉爽。世界上最大而又透明无瑕的水晶球直径达21厘米，重约十几千克，现藏于美国华盛顿斯密森博物馆。

（2）紫晶

紫晶的颜色不单有紫色，还包括紫红色至深红色。深紫和深紫红的透明紫晶，可以琢磨成棱面首饰石。在数个世纪之前，紫晶是罕见的宝石，达官显贵都以拥有紫晶饰物为荣。拿破仑的皇后约瑟芬曾佩戴过一串质地精美、加工完美的紫晶项链，这串项链当时价值连城。自从南美洲发现优质紫晶矿后，紫晶首饰的价值便跌下来了，现在紫水晶是中低档宝石。颜色浅或透明度较差者，用于制作雕刻品。

颜色差的紫晶加热到400℃～470℃，可能会变为浅黄、棕红或绿色等色。其中，变成黄色的水晶，常用来冒充比水晶贵重的黄玉（托帕石）。因为用肉眼看，两者的外观非常相似，可根据折光率、密度的不同来区别它们。改色而成的透明绿色水晶，常用来冒充较贵重的绿柱石或碧玺。通过测定它们的折光率和密度，即可区别两者。

（3）芙蓉石

粉晶，玉器行业称其为"芙蓉石"。这种粉红色的水晶，绝大多数都是晶形不佳，绺裂也多，粉红色都很浅淡，故

🏵 元代 水晶兔

名"蔷薇石英"。不作宝石用，只用于雕刻摆件，只有极少量的蔷薇水晶能达到宝石级，可以磨成棱面石状的宝石。有的蔷薇水晶也可能出现星光。

蔷薇水晶怕日光长期曝晒，会发生褪色现象。加热到500℃以上，蔷薇水晶的粉红色可能会消失。

(4) 烟晶、茶晶、墨晶

包括从烟色（浅黄褐）过渡到茶色，最后加深变成黑色的一系列水晶。

🏵 辽代 水晶金珠缨络

颜色较浅的烟晶或茶晶，在加温到200℃以上时，可能会褪色至无色，而且放射性辐射照射时，又有可能复原。这类水晶的主要用途是磨制平光眼镜片，用于制作太阳镜或装饰品，其价格远高于玻璃镜片。不过从实用上看，它们除了硬度高不易划伤以外，并没有什么优点。

3. 鉴定

(1) 水晶的古代产地

水晶又名"水碧"，《山海经》记载："又南三百里，日耿山，无草木，多水碧"，郭璞注："亦水玉类"。

《石雅》引《湖南通志》说："永绥出水晶石、间有似茶晶者，曰蔡璞。"

汉代刘向《七略别录》亦载："墨泽而有光者，名黑石英。"黑石英即墨晶。

清代赵翼《陔余丛考》引宋代洪迈《夷

坚志》："水精（水晶）出信州灵山下，唯以大为贵；今信州并不产次，而漳州所产白者最多；又有茶色者曰茶精，墨色者曰墨精。"

明代时，我国的天然水晶大都产于河南信阳、福建漳州、湖广等地；并发现有经长期烈日照射而变成天然者甚罕的绿水晶。

我国有几个地区产玫瑰水晶（古名桃花石，明代李时珍称作象南石），淡红色水晶为芙蓉石，李时珍称作赤白石脂。

中国的山西、山东、新疆、内蒙古、广东等省区均有紫水晶产出。

出产无色水晶的省份更多，其中最

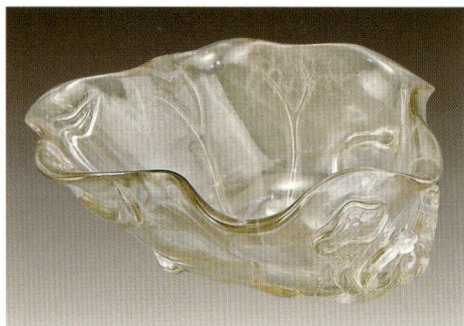

🔥 清代 水晶荷叶笔洗

著名的两处是海南省的羊角岭、江苏省的东海县。

（2）决定水晶价值的因素

水晶的评价标准和高档宝石有所不

🔥 清代 水晶匜式水注

🏵 清代 紫晶马

同。多数高档宝石把颜色放在评价的第一位，而对水晶来说，颜色和净度（水晶行业称作晶体）是近乎同等重要的因素。

①颜色：水晶有多种颜色，以色定名，有粉水晶、黄水晶、紫水晶等，品评优劣的重要因素是颜色，要求明艳动人，不带有灰色、黑色、褐色等其他色调。

对于粉水晶，要求颜色以粉红为佳，颜色越浓重越好。

对于紫水晶，要求呈色鲜紫，纯净不发黑。

对于黄水晶，要求呈色中不含绿色、柠檬色调，以金橘色为佳。

对于发晶（即含有头发状包裹体的水晶）来说，颜色也很重要的。都是发晶，如晶体呈白色（无色水晶），其价格会高于呈茶色者，因为视前者的视觉感明亮透彻。

②净度：由于水晶的产量大，价格不贵，所以对水晶的净度要求很高，以净度越高越好，但水晶中常有各种内含物。

③杂质：一般来说，水晶是透明度很好的晶体，其内所含杂质与包裹体越少越好。但如果水晶内部杂质的形状很像传说中人物的造型，如佛、生肖等，其价值一定会大幅度提高，要远远高于同等颜色和净度的水晶。

(3) 人造水晶的鉴定

人造水晶是替代天然水晶的人造材料，在外观、质感方面与天然水晶无异，甚至更加优秀。人造水晶是用水热法生产的。最初生产的人造水晶都是无色透明的，主要用于制作压电元件，因价格

比天然水晶贵许多，故不见用于制作首饰和工艺品。后来人们发明了彩色人造水晶，价格非常低廉，故成为中高档宝石的代用品。人造彩色水晶中只有人造紫水晶和天然紫水晶非常相似，各种性质都是一样的，很难鉴别。目前所知鉴别方法只有红外线吸收光谱这一种，因为费用很高，测定技术法也很复杂，而没有实用价值。

人造水晶和天然水晶的化学成分都是二氧化硅，天然水晶是一种透明的石英结晶，呈六角柱状结晶，摩氏硬度很高、折光性强。

水晶首饰属于低档大宗制品，古代大都制成珠子或弧面石，近代受西方宝石工艺的影响，许多水晶首饰石采用工艺性很强的刻面磨法，款式丰富多彩。

紫晶首饰是畅销品，因天然产量有限，于是就有人造紫水晶。另外，紫晶加热后可变为绿色，因天然水晶中无绿色，一般冒充碧玺（电气石）。

发晶或鬃晶，是因为有特殊的包裹体而呈现特有的美丽，采后只需抛光，即可作为陈设品，市场上也较多见。

另外，还有人造石英玻璃，其外表和人造无色透明水晶也很相似，因为制造工艺比较困难，价格比较昂贵，通常用来制作高档工艺品。

（4）玻璃质假水晶的鉴别

区别水晶与玻璃质假水晶，可用以下三种简易方法，用于鉴定水晶首饰较方便，用于鉴定水晶摆件有所不便。不过因水晶摆件的制作工艺与和田玉相同，都用砣子和解玉砂，工艺痕迹特征相同，但因材质的缘故，缺少次生变化。

① 观察法：玻璃不是晶体物质，其内部有很多微小气泡，气泡都呈圆形或椭圆形，这是玻璃材质的的典型特征之一。水晶是晶体物质，其内部没有这种形状的微小气泡。

玻璃性脆，在破裂处会留下贝壳状断口痕。如果是玻璃质假水晶制成的首饰石，在镶嵌处易见到贝壳状断口痕。

真水晶中常有绵（即絮状物）。玻璃质假水晶中不会有绵（即絮状物）。

②利用水晶的光学特性：水晶是晶体结构，具有晶体物质的通性。玻璃是均质体，只有一个折光率，无二色性。利用这个性质可以区别玻璃和水晶。

可将水晶球放在报纸上，从水晶球顶端看下面的报纸上的字迹，如是真的水晶球，会看到报纸上的字迹是双影；如是玻璃球（包括水晶玻璃球），则报纸上的字迹只有一个影像。

③舌舔法：用舌舔，有冰凉感则是水晶制品；如有温感，则是水晶玻璃。这是利用水晶导热性强的性质进行鉴别。

(5) 古水晶器的鉴别

古水晶器与新水晶器相比，多了古器的价值。因此要会鉴别古水晶器。

因水晶材料具有很强的稳定性，很难找到古水晶器与新水晶器在材料上的区别，只能从特定时代的工艺背景入手，考察水晶器的制作年代，来辨别真伪。当然，这要求收藏者具有丰富深厚的历史文化功底。

如春秋战国水晶器，常琢磨出利边棱，辽代水晶器上有契丹族工匠拙朴敦实的工艺特征。

现代水晶工艺品仍然是珠串、首饰、摆件、实用器品等品种，没有新品种出现。但市场需求使一些水晶品种发展较快，如水晶雕刻摆件，古代水晶雕刻摆件都是小件，这是因古人制作水晶雕刻摆件，要用双手捧着水晶料在水凳上琢磨，这

种制作方式不可能制作大件。现代使用电动软轴钻（蛇皮钻），采用移动工具的方式在大块水晶上进行雕刻，因而可以制作大型摆件。另外，现代水晶雕刻摆件在题材、用料等方面也形成了不同于古代的特点。

（三）存世量分析

水晶器是我国玉行的传统产品，从春秋战国到清代，产品甚多，数量与玛瑙器相仿。

笔者据多年来在市场中所得到的资料进行分析，参照一些考古发掘报告，

🌼 水晶顶戴

水晶器的存世约在3万件至5万件之间（这个数量不包括单个水晶珠子）。

（四）影响收藏价值的因素

有人误以为水晶是舶来货，其实我国也有不少地方出产水晶，而且是质地优秀的上品。

也有人以为收藏水晶，只是近现代才流行的其实也不对，因为收藏水晶在中外皆有悠久的历史。比如我国唐代便有不少水晶摆设和饰物，现已成为珍罕的古董。清宫旧收藏中有一些水晶器皿，工艺精妙卓绝，媲美白玉雕，而且全部通透明澈。它们应是乾隆年间制作的，因为乾隆皇帝很爱水晶。

由于水晶产量较大，价格也不贵，所以水晶工艺品的价格不高。古代水晶

民国 水晶炉

制品以珠串、首饰石为主，少数是雕刻摆件。现代水晶工艺品仍然是珠串、首饰、摆件、实用器品等品种，没有新品种出现。

由于现代水晶器中有许多是人造水晶料的，造型、做工、件头、可看性都优于古代水晶器，而价格不高，受此影响，古代水晶的价值上升缓慢。

（五）目前国内外市场行情

明清水晶器在拍卖市场上常见，国内外各大拍卖市场皆有水晶器拍卖，由于西方人对水晶器情有独钟，使国外市场的水晶价格比国内价格高约十倍左右。国内一般价格不高，明清时期水晶器的价格从几万到十几万都有，但一串战国水晶珠串亦不过万元左右，与西方大相径庭，因此，战国时期水晶珠串更值得我们收藏。

（六）投资增值依据

我国水晶器主要有首饰及生活实用器皿两大类，水晶器皿大多是唐宋时期贵族所用，甚为珍贵，也最具文化价值，但目前价位较低。对于水晶收藏来说，大器、重器数量少，制作难度大，多为贵族帝王所用，这些都是难得的收藏属性。

也由于国外水晶器的价格远远高于国内，所以从长远看，国内水晶器的价格有较大的上涨空间。随着人们对于这

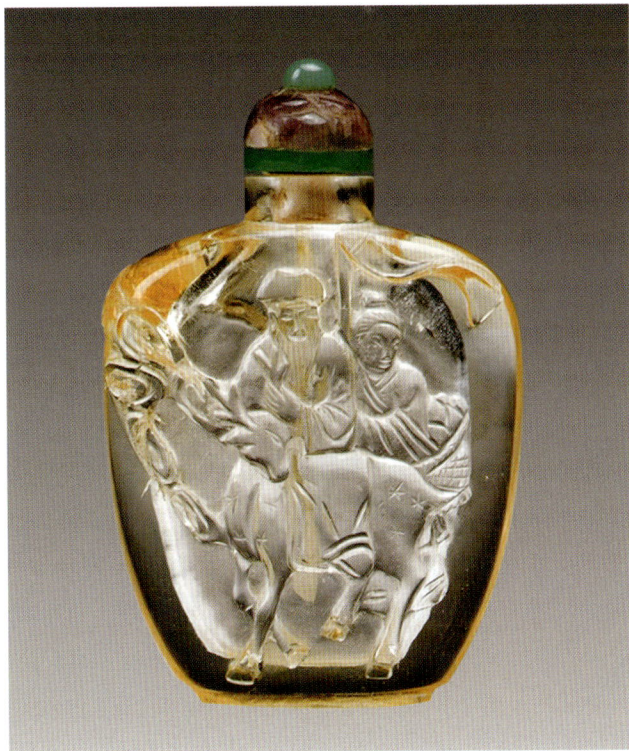

茶晶人物纹鼻烟壶

四、水晶器

个收藏领域的逐渐认识，其价格必然呈现持续增长的态势。

附录：收藏水晶原石

水晶原石收藏是近年兴起的收藏新领域之一，很多水晶收藏者都热衷于此。

水晶属于中低档宝石，本来是价值上升有限的品种。但水晶毕竟属于宝石系列，而且在国际市场上有很好的口碑，所以水晶的观赏价值较一般观赏石要高许多。也由于其他宝石类结晶体小，很难成为观赏石，而且品种也没有水晶这么丰富，所以作为观赏石，水晶具有特殊的地位。

收藏水晶原石的方式与收藏观赏石相同，因此相对简单，只要在造型、色彩、图案、包裹体、纯净度甚至大小等方面有特色、有优势，都可以纳入收藏范围。举例来说普通的水晶柱常见也便宜，但如果体积够大、纯净度高就不便宜了。如果在纯净的晶体中又包含着一颗其他宝石，便可当之无愧成为精品，绝对值得收藏。

与前两项水晶收藏相比，水晶原石的价格受原料市场供求影响较大，如果希望通过收藏，实现保值增值的目的，就必须选择精品，这其中有公认的精品，如亮相于2005年水晶艺术精品展的巴西超级紫晶洞（高1.3米，重1600斤），也包括凭借收藏者一双慧眼新发现的精品，如著名的"哈雷彗星"。当然随着懂水晶的人越来越多，如此"捡漏"几乎已成神话。由于水晶收藏爱好者的增多，水晶精品原石价格上涨存在广阔的空间。

但值得注意的是现在水晶原石交易市场中常有用玻璃块体冒充水晶原石出售的，有两种情况：

第一种是将玻璃块体切磨抛光成六棱柱，充当水晶单晶体出售；第二种将玻璃块的表面用人工处理成小麻坑，用含铁的氧化物与泥土污染，在处理后的表面上抛光一小块作为窗口，通过窗口可见其内部纯净无暇。遇到这种情况，要采取一掂、二划、三看。掂，就是拿在手中掂一掂，体会一下重感，因水晶比玻璃密度（铅玻璃除外）大，有沉重感是水晶，手感轻者为玻璃。划，就是用一块水晶来划刻，能刻动者为玻璃，刻不动者为水晶。看，就是看其中是否有气泡或流线构造，有者为玻璃。

五、祭天大璧

径长一尺二寸，是西周天子用于祭天的玉器。以后历代帝王也用苍璧祭天。

（一）释名与沿革

1. 释名

玉璧中专有一类是祭天的大璧，是由国王、皇帝担任主祭的国家级祭天大典上所用，即《周礼·春官·大宗伯》所说的"苍璧礼天"。

苍璧是淡青色没有饰纹的青玉璧，

2. 沿革

祭天是华夏民族最隆重、最庄严的祭祀仪式，起源于上古时期。由"天子"主持，表达人们对于天滋润、哺育万物的感恩之情，并祈求皇天上帝保佑华夏子民。祭天的祭坛一般为圆形（称为"圜

良渚文化 玉璧

丘"），寓意天圆地方。在仪式上须诵读祭文、奏雅乐，并焚烧祭品，以表示人们把自己的劳动成果贡献给天，作为对天滋润万物的一种报答。在原始氏族社会，先民的生活仰仗天赐，初期制作的玉璧，完全是用于奉祀"天神"的礼拜用品。

由原始社会进入奴隶社会以后，随着"天神"迷信的消亡和人本主义的觉醒，社会阶层也逐渐分化，玉璧才衍生出表明等级身份以及富贵装饰的其他用途。

2004-2005 年，考古工作者在甘肃省礼县县城西北的海拔 1700 米的鸾亭山山顶上，发掘了一处汉代专门祭天场所。在遗址北部半月形浅沟内，清理出土 11

套组合完整的汉代祭天玉器，总数超过 50 件，有圭、璧、玉人三种。组合方式有圭压璧的，有璧压圭的，也有多件玉璧上下叠压的。玉器体量较大，玉圭长

🌸 西周 龙纹璧

🌸 龙山文化 玉璧

50

度在 4.4 厘米至 16 厘米之间，最大的玉圭长 16 厘米，宽 7 厘米。玉璧直径 12 厘米至 22 厘米。部分玉圭、玉璧上有朱砂痕迹。埋藏玉器的浅沟南、北两侧内有柱洞，应是与祭玉相关的遗存。

这次考古活动证实《周礼》所载的"苍璧礼天"，是国家礼仪制度规定的祭祀大典。古代祭天是一项重大的政教活动，在祭祀地点有一定规模的建筑物。这次考古发现了祭玉与建筑共存，在考古活动中非常少见。

祭天玉器有一定的规范与组合，主要为圭、璧组合。《周礼·春官·大宗伯》载："以玉作六器，以礼天、地、四方。以苍璧礼天，以黄琮礼地，以青圭礼东方，以赤璋礼南方，以白琥礼西方，以玄璜礼北方。"这六种玉器，是代表周天子向天地鬼神表示虔诚之意的玉器，是最高级别的玉礼器。

这次考古发现以圭、璧玉器组合祭天，可能是祭东方的天，因为汉天子位于甘肃礼县的东方。

从玉材及玉器工艺看，鸾亭山出土的素面青玉圭、三凤璧、内外双区饰纹璧，为汉代专门制作的祭天用玉，而白玉圭、素面白玉璧、青玉人，时代早于汉代，分别为齐家文化、周代秦国玉器，表明汉代祭玉，除用专门制作的祭玉外，

春秋 玉璧

也用前朝古玉璧。

（二）工艺特点、品类与鉴定

1. 工艺特点

现代看来，祭天大璧的制作工艺无难度，主要工序是切片和打孔。

然而对新石器时代的制玉工艺来说，将直径大的玉石进行切片，是颇为费力之举，何况由于玉料本身存在大大小小的绺裂纹理，颇为费力"锯成"的玉片往往会因玉料本身的绺裂纹理而断裂成数块。所以越是尺寸大的玉璧越难得。

另外，古代对玉石进行切片，很难保证"锯割面"的平整。然而将不平整

的"锯割面"，打磨得平整光滑，理论上可行，但实际很难做成。

2. 品类

（1）新石器时代玉璧

值得注意的是：新石器时代各种文化玉璧的器形、形制，都很相似，可能因其制作工艺基本相同，一般为厚大型，圆孔，内孔壁及外缘多呈倾斜状，是使用管状钻具制成的。作为祭天专用璧，挑选会较为严格，首先形制较一般玉璧大，其次玉料的选择严格。

新石器时代晚期玉璧以良渚文化玉璧为代表，现在认为玉材是当地所产的

🐚 西汉 夔龙纹蒲纹璧

透闪石质玉材，玉质不纯，含有较多的青灰色、红黄色杂质，土浸后常呈白雾状。

目前为止，考古发掘出土的史前玉璧，多数显得粗糙，边缘不够规整，璧体厚薄不均匀，表面留有明显的切割痕迹。到新石器时代中期，玉璧大都素面无纹，仅做成圆盘形状以"象天"而已。若有简单的纹饰，也与"天象"有关，璧身圆整光滑，做工精细。玉璧尺寸较大，一般直径在 1 尺左右。

（2）夏商周玉璧

夏、商、西周和春秋时期，玉璧进入了相对的衰落期。至今不解玉璧为何在夏代突然销声匿迹，二里头文化相关遗址中也从未发现过玉璧。因此有关夏朝玉璧的使用情况，目前仍是一片空白。

商周时期，玉璧成为贵族阶级专用的礼器。祭天所用玉璧是直径一尺二寸的大璧，又名"拱璧"，因皆须两手拱执。采用青玉制成，象征着巨大的天体，表面无纹。

但此期玉璧出土数量不多，整体呈现萎缩的状态——商初至中期从未出土过玉璧，晚期也仅在几座大墓中有所发现。

（3）战国玉璧

战国玉璧比商朝和西周时期都要多，往往一处遗址中就能发现几十件，且出现了一些精品，纹饰更丰富多样，雕刻技艺也在提升。

战国玉璧，质地较佳，多用青玉、白玉。璧的尺寸因用途而异，一般佩戴的系璧尺寸较小，直径在 10 厘米以内；殓葬用璧和作为礼器的璧稍大，直径在 15 至 25 厘米之间。战国玉璧无论大小，

🔥 汉代 青玉璧(北京丰台区出土,首都博物馆藏)

🔥 战国 青玉镂空龙纹谷璧

璧体均较薄,厚度在1厘米以下,琢工规整,打磨光亮。内外边沿用阴线刻出,剖面呈三角立棱状,此为战国玉璧的典型特征。在造型上此时开始出现出廓玉璧,即在内孔或外缘上镂雕出生动的动物形象。

战国玉璧的装饰纹饰丰富繁杂,前期流行蟠螭纹、蟠虺纹、勾云纹等,后期乳丁纹、卧蚕纹和龙凤纹、兽纹等占据了主导地位,还出现两三组不同纹饰带状布局的组合纹饰。

战国还出现了复合式璧,即在肉体处镂雕瑗和环相连,有出土品和传世品。

战国玉璧多用新疆和田玉料，雕工锋利挺拔，转角尖锐；动物身形作扭曲状，面目狰狞；谷纹、蒲纹排列整齐，有的纹饰密布，颗粒小而密，碾磨得非常精细。

纹饰普遍运用粗细阴线结合，粗阴线碾压成隐起效果，有浅浮雕效果；细阴线呈毛发状且流畅，后人称作"发丝雕"，被誉为战国玉雕的绝技。

（4）汉代玉璧

汉代玉璧，整体风格沿袭战国风尚而略有变化，仍以白玉、青玉为主，但璧的形体普遍加大，璧形略厚。因选料精、制作工艺考究、纹饰种类增多、使用范围广、发现数量多，被称为玉璧发展的鼎盛期。

镂空玉璧和出廓璧在汉代流行。

纹饰仍以谷纹、蒲纹、龙凤纹为主，但不同于战国玉璧，出现两点变化：一是谷纹、蒲纹的颗粒大而稀疏；二是组合纹饰更为流行，两组或三组纹带的玉璧相当普遍。

出廓玉璧的上部正中镂雕对称的双龙或双螭，间缀流云纹；有的在双龙或双螭纹中增加吉祥文字，形成非常珍贵的铭文璧，是汉代玉璧的特色之一。

从总体水平来看，汉代玉璧不及战国玉璧精细。1983年广州西汉南越王墓出土一块兽首衔玉璧，由一块玉璧和双目圆睁的兽首组成，通高18.2厘米、横长13.8厘米，可上下转动，是中原常见的铺首形状，造型上打破了中原器物的

🏵 西汉 龙凤纹玉璧（西汉南越王墓出土）

对称格局，表现出标新立异的风格，给人一种清新的感觉。

(5) 宋代玉璧

汉代以后，中国玉器制作步入低潮，直至唐宋，始有起色，但玉璧基本处于仿古状态。

宋代时兴起仿古，宋仿战国、宋仿汉代玉璧开始出现，但雕工仍是宋代工艺特点。玉璧形体浑圆，边沿呈圆形转角，不见锋棱，谷纹稠密模糊，动物纹饰和造型在细部又有明显不同。

(6) 元代玉璧

元代玉璧多仿唐代玉璧，一般器形厚重，大璧较少，以小型居多，做系璧，供佩带用。多数只在一面雕纹饰，璧形

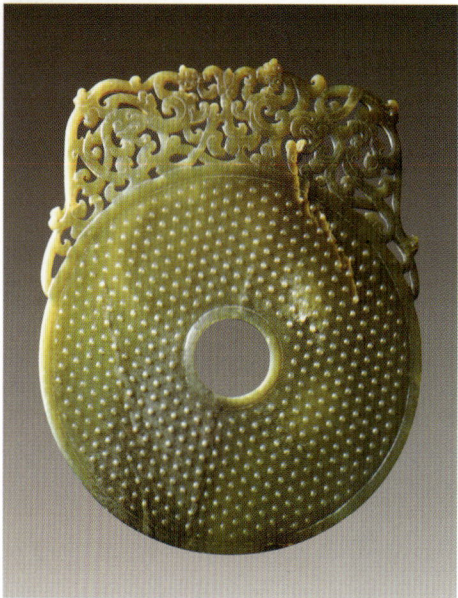

🏵 汉 双螭玉璧

厚重，谷粒稀疏，排列无规律，动物纹饰带有本朝特点。元代的玉雕整体风格偏粗犷，工艺不拘一格，用刀较深，刀锋常常出廓。

(7) 明代玉璧

明代玉璧比唐、宋、元三代都多，主要是佩饰，品类繁复，加工不精，玉质多选用青玉、白玉制作，还有少量使用碧玉。

主要有两种形式：一种是一面玉璧浅浮雕蟠螭纹，一面雕仿战国时代的谷纹、云纹或是卧蚕纹，器体大都比较小，璧形略扁，周围往往留有管形钻套钻的痕迹；二是根据古文献记载中的玉璧式样加以仿制，璧的两面均饰有仿战国、汉代的谷纹、云纹或卧蚕纹，然后在璧体的边沿外增加其他装饰。

在明代，开始出现八卦纹饰的玉璧，而历史上那种大型的刻谷纹、蚕纹、蒲纹和龙纹、凤纹、兽面纹的玉璧，很少出现了。明代玉璧上的乳钉纹颗粒圆而大，螭纹的圆弯处均呈方折，内圆中显硬直。刻工一般草率、粗犷，阴刻线弯角处有毛丝外露的所谓"绳脚"。

(8) 清代玉璧

清代素璧，如北京故宫养心殿前之璧，直径超过 50 厘米。

清代玉璧以新疆白玉、青玉为主，还有碧玉、墨玉。玉璧主要用于祭天和

玩赏，除帝王所用的礼器和玩赏品之外，民间流行系璧和仿古璧。

清代玉璧小型较多，璧身较厚，穿孔较小，并出现了中间带环套的双联璧。玉璧上的纹饰出现了几何纹图案、吉祥图案及人物图案，写实性较强。

清乾隆时期所制玉璧，大部分仿汉代谷璧、蒲璧和变形兽面纹璧，只是在造型和工艺上追求汉玉特点，不作旧处理。还有一种做法是在玉璧的一面上用深浮雕做出汉代风格的神兽或四灵。

清代后期，玉璧的质料较差，做工粗糙，只求形似，不求工精，远不如汉

❀ 汉代 玉谷纹璧

❀ 西汉 白玉九螭龙璧

🔥 明代 玉九螭纹璧（正面）

代玉璧之精美，并逐步没落。

3. 玉璧鉴定

如今伪制的古玉璧充斥古玩市场，不得不引起藏家的重视。

业内人士认为，收藏古玉璧，务必掌握古玉璧在不同时代的风格特征。一

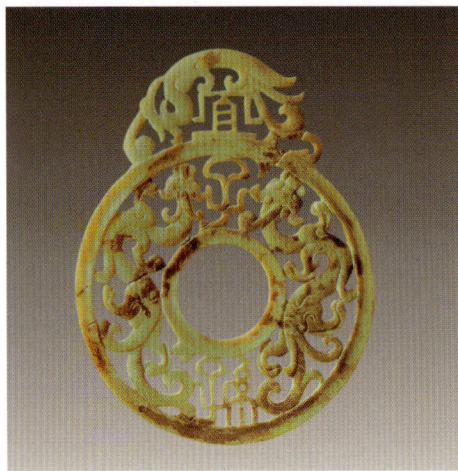

🔥 东汉 "宜子孙" 青玉璧

块古玉璧，首先要看它的整体造型，其次是看它的工艺技法，从阴线纹看，是否为解玉砂的乱线特征，是否有接线痕迹。再次是看有无次生变化，玉质沁色等。伪制的玉璧，整体形象往往结构杂乱，比例失调，形体拘谨，生硬板滞，线条不畅，缺乏活力。工艺技术方面往往刀法生硬，刻画失真，或者刻意写实，却有形无神。在玉质沁色方面，玉色不纯，多为杂玉，灰暗枯涩。沁色浮于表面，不是无过渡色，就是色彩太新、太艳，或者位置太巧，沁得太有规律，层次单一，生硬刻板等。

总之，只有多看实物，多看图谱，才能较为准确地区分真假玉璧，准确地把握不同时代玉璧的风格特征。

（三）存世量分析

玉璧是最早出现的玉礼器，这种圆环形中心有孔的玉器从史前时代，一直伴随历代王朝走到今天，因而品种和数量是最多的。

目前进入古玩市场的古玉璧，以战国、汉代为主，约有 2000 件至 4000 件左右，因是祭天之璧，做工不易分出精粗。

（四）影响收藏价值的因素

在各大拍卖会和古玩市场，人们对白玉偏爱有加，对这种青色古玉璧的色

泽有误解,认为这种青玉,是低档玉质次。实则不然,青玉是祭天之璧最佳、最具神圣感的玉质玉色。因人们对祭天玉璧的认识不充分,被想当然的误解误导,以致其价格很低。

(五)目前国内外市场行情

玉璧在国内外的拍卖市场皆有拍卖,价格基本一致,最高也仅有数十万元,一般夔龙蒲纹璧、20厘米以上拍卖价仅在 10 万元至 30 万元左右,还没有达到

🏵 南北朝 白玉螭纹璧

🏵 明代 玉九螭纹璧

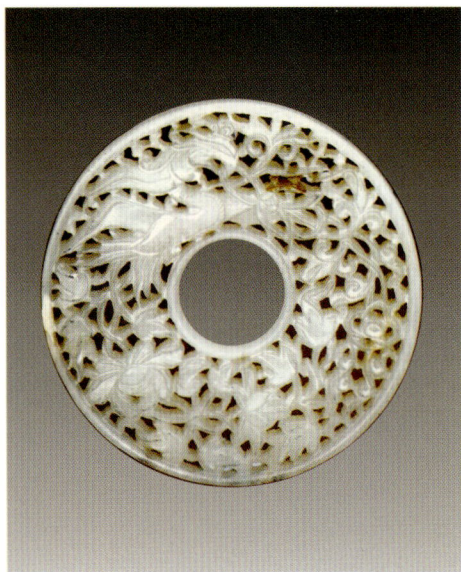

🏵 元代 玉镂雕凤穿花璧

玉璧应有的市场价值。

（六）投资增值依据

祭天玉璧，是专为祭天而制的玉璧。一般无纹饰；玉质也不是以白玉为贵，而是以青玉为贵，以无纹饰为贵。祭天玉璧是古代最重要的玉礼器，历朝历代，连绵不绝，是今天研究中国历史的宝贵资料。

其投资增值依据有：目前的市场价格低，多重文化价值，形制大，纹饰及风格独树一帜，是中国玉礼器最具有代表性的作品。

🏵 唐代 云龙纹玉璧

六、玉剑具

（一）释名与沿革

1. 释名

玉剑具是指镶嵌玉饰的青铜宝剑，剑上的玉饰物主要有玉剑首、玉剑格、玉璏和玉珌四种。

玉具剑是古代有身份地位的人的佩剑，而且主要是与朝服配套的礼仪之物。《东宫旧事》记载："太子仪饰有玉具剑。"《史记·田叔列传》："将军欲取舍人中富给者，令具鞍马绛衣玉具剑，欲入奏之。"

玉具剑也是一种珍贵的馈赠礼品。《说苑·反质》曾载："经侯过魏太子，左服玉具剑，右带佩环，左光照左，右光照右。太子不视。经侯曰：'魏国有宝乎？'太子曰：'主信臣忠，百姓戴上，此魏国宝也。'经侯应声解剑而去佩。"这则故事反映出，当时贵族阶层多视玉剑具与玉佩饰为宝物。

2. 沿革

从出土资料来看，20世纪曾发现一件西周时期铜剑，剑柄上饰玉，因这是孤例，不典型，所以没有被认定是年代最早的"玉具剑"。

"玉具剑"始于战国时期，1991年在河南三门峡上村岭虢国墓地出土了一把号称"天下第一剑"的铜柄铁剑，其剑柄上镶有美玉和绿松石，这是目前发现玉饰剑的最早实例。

战国时期玉剑饰出土较多。以曾侯乙墓发现的一柄玉剑最有名，通体用玉琢成，剑首、把、格、鞘、珌各为一节，璏作勾形，与格同属一节，各节均以金

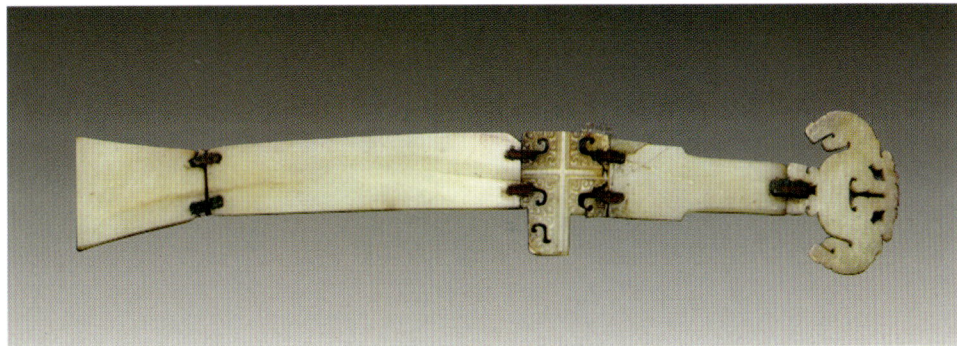

🐛 战国早期 玉具剑

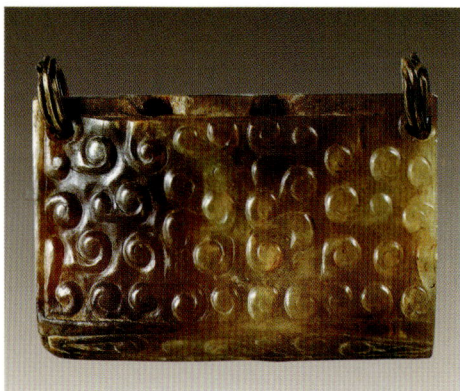

🐚 春秋晚期 玉剑珌

属物连接。剑首透雕成双成形，两面阴刻出眼、鳞、爪等细部，格也透雕，单面饰云纹，其余各部分均为素面。

战国至西汉是玉具剑的鼎盛期，魏晋南北朝是其衰落期，唐以后已很少见，到了明代，才有一些"玉具剑"饰物的仿制品和伪品出现。

从考古出土的实物来看，战国两汉的玉具剑，既有四件五饰齐全的，亦有

仅饰一两件的。汉代玉具剑上的玉饰物较之战国数量大增。虽然造型、工艺基本继承了战国激进风格，而图案纹饰则更加新颖别致。器面除琢饰兽面、云纹、谷纹外，尤以浮雕蟠螭纹最具特色，其布局合理，生动巧妙，碾磨的圆润细腻，华丽精细，具有很高的艺术价值。

在魏晋南北朝至隋唐时期的考古发现中，玉剑具出土数量非常少，辽宁省北票县西官营子北燕冯素弗墓出土一件玉剑具，玉呈棕色，圆形隆顶，雕琢流云纹。底刻一方槽，中心有一圆形穿孔。纹饰简单，雕琢工艺远逊于汉代。

隋唐两代的考古发掘报告中未见有玉剑具出土资料，传世品中个别是否可以定为唐代，还有待考证。

宋元明清传世品中有玉剑具，器型、纹饰都仿汉代形制，但雕工却是各朝风格。

🐚 春秋晚期 玉剑首、玉剑格

（二）工艺特点、品类与鉴定

1. 工艺特点

玉剑具是青铜剑上的玉饰物，有玉礼器的作用，故优质者以白玉为主，纹饰以减地浮雕为主，纹饰雕工精致。制作玉剑具采用一般玉器工艺。

2. 品类

（1）玉剑首

玉剑首是饰于青铜宝剑首端的玉饰件。

🌸 **春秋时期　玉剑首**

🌸 **春秋晚期　玉剑珌**

🌸 春秋晚期 玉剑琥

对于一把青铜剑，哪一端是首端呢？《释名·释兵》："（剑）其末曰锋。"原来，青铜剑佩于身上，朝上的一端为首端，朝下为末端，由此可知剑柄端所装玉饰即玉剑首。

玉剑首多为圆饼形，正面除少数是光素无纹者外，绝大多数都有精美的纹饰图案；背面是与剑柄镶嵌在一起的平面，其上有与剑把结缀交接的穿孔和凹槽等结构。

战国至两汉玉剑首，与前述春秋末期同类物比较，无论其造型、纹饰和艺

🌸 白玉剑首

术风格都有明显的差异。如河北满城刘胜墓出土的玉剑首，白玉琢成，质地细腻温润。正面饰减地浮雕蟠螭纹，蟠螭身躯修长，体态犹如行云流水。山东巨野红土山汉墓出土的剑首，随玉料雕琢而成，采用透雕和浮雕相结合的手法，浮雕五只蟠螭在云中纹饰，底端有三个穿孔，以插剑茎。

此外，其他各地西汉墓出土的玉剑首，其设计和做工精湛，显示了汉代玉器制作的高水平。

（2）玉剑格

汉代玉剑格，装饰趣味极浓重，同时为了构图的需要，在剑格中部逐渐凸起一脊如鼻梁，俯视如菱形状，这可能是为了突出常用的兽面纹装饰的立体效果。中间穿孔有长方、椭圆、菱形状等。还有的剑格造型，上端中部琢一缺口，下端中间略微出尖。在装饰方面，手法亦多种多样，有的一面饰兽面纹，一面饰卷云纹；有的一面浮雕一螭，另一面饰几何纹；有的两面均饰相同的纹饰，或整体光素无纹等。

1983 年，广州南越王赵眜墓出土一件玉透雕双凤纹剑格，形式尤其别致。器物俯视呈菱形，中间有一椭圆形穿孔，以供剑柄插入，上端两边突出似兽耳，并透雕一对称的凤鸟。剑格正反两面琢饰兽面纹，下端中部出尖。这类剑格在出土文物中较为罕见，可谓珍品。

秦 玉剑璏

（3）玉剑璏

玉剑璏是装饰在剑鞘一侧并与革带发生关系的一件器物。造型一般为长条形，与战国基本相同，但在器体上逐渐加宽增长，装饰手法也日益丰富多彩。不但在平面上常琢满各类规整细致的谷纹、云纹、蒲纹等几何形图案，而且在一端装饰一象形兽面纹，甚至在整个平面上阴刻、浮雕或透雕一只或两只生动活泼的蟠螭纹。

1977年山东省巨野县红土山西汉早期墓出土的一件青玉玉面作长方拱形，两边阴刻弦纹，并浮雕一大一小的两只形态不相同的螭纹。大螭体态矫健，曲度很大，颇有活力。小螭蜷伏一隅，对首相视，似有一种亲昵感。这种图纹，俗称"子母螭"。

（4）玉剑珌

在汉代的玉剑饰中，玉剑珌的琢制最为精彩，不仅造型有变化，而且装饰纹样生动优美。如广州南越王墓出土的

玉剑珌

一件，器体为不规则的梯形，满染朱砂。除上下两面较为平整外，周身分别以浮雕琢出两只蟠螭与熊互相追逐戏耍打闹的情景。两只蟠螭作挺胸、塌腹、翘臂、甩尾之状，气势神态，极富勇健之美。河北满城中山靖王墓出土的玉具剑，也是汉代玉器的珍品，其玉剑珌呈不规则梯形，玉质洁白，琢磨细腻，两面共浮雕了五只蟠螭纹，蟠螭在云海中翻腾嬉戏，生动活泼，引人入胜。上端中央有一大孔，两侧的小孔也斜穿中心，使三孔相通，以供穿系。

总体观之，玉剑珌的造型，俯视时两端均呈橄榄形，在与剑鞘末接触的一端多有穿孔，有的是只有一个圆穿，有的是在一条直线上有三个小孔并列，中间一孔略大，而且垂直，两侧的小孔斜透使之三孔相通。正视呈梯形，中腰略收，面上饰有形式不同的图案花纹。早期多采用浮雕兽面纹和卷云纹，汉中晚期常采用浮雕和透雕蟠螭纹、龙纹、凤纹等。有的还根据玉料或构图设计的需要，使玉剑珌呈现出不规则的长方形、梯形等状，随物而琢，更富有变化。

🌸秦 玉剑首

3. 鉴定

（1）春秋玉剑具

　　春秋时期，统治阶级享玉的范围在扩大，由礼仪用玉转向装饰用玉，在青铜剑上饰玉，就是如此。山西太原金胜村晋国赵卿墓出土一套四件玉剑饰，首、格、璏、珌齐备，是目前发现的最完整的春秋玉剑具。此外，在江苏省六合程桥二号墓也出土过玉剑首和剑格。

🌸 西汉前期　玉剑首

🌸 西汉前期　玉剑璏

🌸 西汉前期　玉剑格

从出土实物来看，春秋玉剑首有倒梯形、扁圆体形，纹饰有蟠虺纹、云纹、谷纹等。

采用隐起技法雕琢，纹饰布满器表，细密而繁缛，是这一时期琢玉的工艺特点。

(2) 战国玉剑具

战国是玉剑具大发展的时期，在春秋玉剑具的基础上有了很大的发展与创新，在造型、纹饰、琢工方面与春秋玉剑具有明显区别。

春秋玉剑具以厚重饱满见长，战国玉剑具以精致灵巧为主，形制趋于固定，如玉剑首多为扁圆形，正面分内外两区，内区微凸，或饰三组或四组洞纹，或蟠

🏵 西汉 玉剑珌

纹；外区除个别饰凤纹外，多饰谷纹。谷纹排列整齐，谷粒饱满而凸出。立边内切，背面光素无纹，中央琢有圆形凹槽。多数有斜穿孔，穿孔或在凹槽内，或在凹槽外，有二孔、三孔、六孔不等。

玉剑首也有小玉佩形，如湖北省随州市擂鼓墩曾侯乙墓出土的玉剑具，其剑首就镂雕成龙凤纹玉佩形状。

战国玉剑具上的饰纹以阴刻细线为主，辅以平雕、镂雕、浅浮雕，刀法有力，棱角分明，线条匀细流畅，抛光技术精湛，反映出战国玉器精、巧、美的特点。

(3) 秦代玉剑具

秦代出土的玉剑具很少，以湖南省长沙市左家塘一号墓出土为代表，玉质呈灰白色，造型、纹饰、琢工与战国风格相似，唯谷纹比战国谷纹疏朗，边角圆滑。

(4) 汉代玉剑具

在汉代考古中，许多汉墓中出土过玉剑具，广州南越王墓出土玉剑首10件，可见汉代流行玉剑具。

西汉早期玉剑具仍是战国玉剑具的做法，于西汉中后期逐步形成风格，东汉后期日渐式微。傅熹年先生在《古玉掇英》一书中写到："熔战国诸国的传统和优长于一炉，在技术上和艺术上都有所发展，使之达到更成熟、更完美的新高峰。"

山东巨野红土山西汉墓出土的玉剑

首，突破了传统的圆形造型，在上大下小剖面中呈梯形的玉材上，以浮雕和镂雕技法相结合，雕五只螭虎盘绕于云中。螭虎肌肉丰满，身姿矫健，神态生动，立体感很强。

汉代玉剑具纹饰比战国丰富新颖，富有变化，以浮雕螭纹最具特色，如广州南越王墓出土的双螭柿蒂纹剑首和河北满城县陵山一号墓出土的双螭涡纹剑首，纹饰布局繁简得当，构图生动，极具艺术感染力。

玉剑首除用玉制外，也有用水晶制作的，河北省邢台市北陈村刘迁墓出土的剑首，是用透明的白色水晶雕琢而成，呈柳叶形，光素无纹。

🌸 西汉中期 玉剑珌

🌸 西汉 玉剑珌

汉代玉剑具雕琢技法有所提高，在运用线雕、浅浮雕、平雕、镂雕等基础上，大量运用高浮雕，使器型层次分明，立体感极强。雕工讲究，碾磨细腻。风格由战国的精致、灵巧、犀利过渡到工整、典雅、圆润。充分体现出这一时期统一、和谐、兴盛的社会景象。

东汉玉剑具承袭西汉玉剑具的传统，但在数量、纹饰、雕工等方面都逊于西汉。

(5) 魏晋南北朝至隋唐的玉剑具

在魏晋南北朝至隋唐时期考古中，出土玉器的数量不多，玉剑具的出土数量非常少，辽宁省北票县西官营子北燕冯素弗墓出土一件玉剑具，玉呈棕色，圆形隆顶，雕琢流云纹。底刻一方槽，中心有一圆形穿孔。纹饰简单，雕琢工艺远逊于汉代。

隋唐两代的考古发掘报告中未见有玉剑具出土资料，传世品中个别是否可以定为唐代，还有待考证。

(6) 宋代玉剑具

宋代赏玩古器之风兴盛，玉剑具作为拟古器，又再度出现。宋玉传世品中有许多仿汉玉剑具，器型、纹饰仿汉代

🔥 东汉 玉剑珌

形制，但雕工却是宋代风格。

宋仿汉玉剑具上的洞纹与汉代玉剑具的洞纹相比，缺乏力度；谷纹没有汉代谷纹饱满、清晰；剑首背面三孔孔径比汉代的要圆、要大。

（7）明代玉剑具

明代玉剑具数量较多，虽然形制也是仿汉代玉剑具，但工艺特点却是明代的。

明代玉剑具的纹饰、琢工与汉代玉剑具有很多不同：洞纹呈顺时针方向打钻，打钻方向与汉代相反；所饰方形卷云纹、锦地纹、三角形如意状蒂纹、太极图案等都是明代流行的纹饰，并非汉代纹饰；器表抛光，但碾琢痕迹仍然可见，表明明代琢玉不细。

（8）清代玉剑具

清代玉剑具分为两类：

一类是仿制战国两汉玉剑具，形制、纹饰、琢玉手法都模仿，但不做旧，雕琢水平较高，但一般只能做到形似而不能神似。

另一类是用质地较差的玉材来仿制战国两汉玉剑具，最后做旧。因沁色是伪造的，纹饰线条刻画乏力，雕工粗糙，比较容易分辨。

（三）存世量分析

玉具剑实物出土的正式发掘报告，最早见于民国年间日本考古界在朝鲜乐浪郡发现汉墓的介绍文章中。其名称和

东汉　玉剑璏

所饰部位的考释,在自宋以来,特别是明、清两代的有关著录中,已有述及和探讨,其出土遗物和流传在各处博物馆及私藏者手中的传世遗物,为数也很可观。

战国汉代玉剑具是存世较多的玉器品种,一套四件,如果分开计算的话,进入收藏市场的约有万余件,成套组合的约有3000至5000套左右。

(四)影响收藏价值的因素

影响玉剑具价值的因素包括人们受"工具""用品"概念影响,加上玉剑具本身观赏性不强。而且玉剑具虽是小件,但不像传统玉佩饰一样方便随身佩带,数量又较同期高级品为多,因而不被重视。

(五)目前国内外市场行情

玉剑具在国内外的一些拍卖会上皆有拍卖,完整一套出现的不多,价格国内外大致相同,单件价格多在3万元至10万元,完整一套多在30万元至40万元之间。很多价格的差异是来源于玉的品种与工艺。

汉代 兽面纹珌

总之，玉剑具拥有丰富的文化内涵，独特的艺术表现形式，鲜明的时代特征，而且多数玉质较佳且目前的价位较低。

（六）投资增值依据

玉剑具是中国历史上特定时期的产物，在中国玉器发展史上占有一定的地位，它对了解和研究当时的思想意识、文化艺术以及礼制和武器的产生发展演变史等都有重要价值。加上这类玉器价格低，又因国人对古玉的惜怀，日后自然升值。

这类玉器也非常人所用，皆为帝王贵族所用，是供高层统治者显示"尊卑有度"的"武仪器"，所谓"天子用玉，诸侯用金"即为证。

又，古人还认为玉能防尸体腐烂和辟邪，更有视其有高尚美德的宝物，有所谓"君子比德于玉"的规范。因此，玉具剑似又有"彰德"和防止人体不会杀伤之用。

玉具剑物上的云纹、谷纹、蚕纹及龙螭、凤、鸟、兽面等纹样，皆是古代寓意吉祥、尊严和崇尚神灵的思想反映，并不是为装饰而装饰。

玉剑具虽为用品，却包含较深的艺术性与文化内涵，制作难度也较大，同时也是代表地位和品级的奢侈品。

七、玉带钩

（一）释名与沿革

1. 释名

简单地说，带钩就是束腰带上的扣环，玉带钩是用玉制作的腰带扣环。在皮革带的两端安装上带钩，可以方便地勾结和解开。从结构上看，带钩由钩首、钩颈、钩体、钩面、钩尾、钩柱、钩纽等部位组成。

2. 沿革

我国年代最早的玉带钩，是在良渚文化遗址中发现的。良渚文化玉带钩的钩体较宽，一端有孔，形体较小，素面无纹。虽然其他新石器文化遗址中未见玉带钩，但良渚文化玉带钩却把玉带钩始于春秋时期北方少数民族铜带钩的说法推翻了。由于良渚文化玉带钩的形制与后来流行的玉带钩不同，看来玉带钩的起源至少有两种。

春秋时期玉带钩多为素面，器形简约，多从实用角度考虑制作。

战国时期，北方草原游牧民族流行用带钩，现在的内蒙等地出土的铜带钩非常多，并有少量玉带钩。赵武灵王为了国家的强大，对军队进行胡服骑射改革，也就引进了北方少数民族铜带钩。中原各国为提高军队的作战能力，也效仿赵国，因此战国带钩流行。玉带钩是带钩中名贵者，造型变化较多，常见尺寸约 10 厘米，钩身多为窄长条形，钩首

良渚文化 玉带钩

🔥 商朝 玉带钩

🔥 战国 兽面纹玉带钩

多雕螭形，尾部一般作方形和圆形，表面多饰勾云纹、谷纹、凸弦纹。

两汉时期，出现了一些异形玉带钩，如鸭头式玉钩首，钩身素面。

1983年，在广州市发现的南越王赵昧墓，出土了一批精美的玉器，其中有一件龙虎并体玉带钩，堪称绝品。钩长19.8厘米、最宽处6.2厘米、最厚2厘米。青玉质，表面有褐色浸蚀。钩体龙虎相并成"∽"状。这曲体的动物形象起始于春秋时期的佩玉，经数百年发展，至西汉时已普遍应用于各种动物造型上。此钩首端镂空，雕成一个侧身虎头，末端雕成龙首，在龙口与虎爪间有一勾云纹玉环。两兽回首相视，张牙舞爪呈"龙虎夺环"之势。龙虎腹下有一个圆形钮，钮面以细阴线雕出旋涡纹。带钩的造型打破了以往固定单一的形式，在小小的方寸之间雕造出龙虎相争的激烈场面，动物形象矫健，纹饰刀锋犀利，更增添了整个器物的神韵。其艺

术风格为典型的"汉风"。汉代这种以写实为基础的雄健有力、动感十足的艺术风格，孕育于春秋战国时期。至西汉中晚期，典型的"汉风"得以完其大成。其特征即是在题材上多表现龙、虎、螭等动物形象；表现手法追求动感，动物躯体四肢屈曲，肌肉隆起有力；整体构思不拘于形式；雕刻技法以多种刀法相结合，其立雕、阴线雕十分纯熟。这件玉钩完整地体现了这些特点。

魏晋南北期至隋唐五代，不见带钩流行。从宋代开始，带钩又重出现在男子们的腰际。

元代玉带钩再度流行。常见是琵琶和螳螂形，纹饰琢法仿古意，鼻钮成为典型的时代特征。

明代玉带钩造型较元代更加丰富，其中龙首镂空单螭带钩最为精致，俗称"回头教子"。

清代玉带钩基本继承了明代的风格，

🌸 西汉 玉龙形带钩

做工上普遍好于明代，但是多制作较粗糙，如龙螭形象多首大颈粗、螭虎神情呆板等。纹饰方面有仿古花卉和吉祥图案等。

明清服饰制度中没有玉带钩，但出土和传世的玉带钩却比较多，特别是清代还用翡翠制作玉带钩，可见收藏玉带钩仍然是上流社会的一种时尚。

（二）工艺特点、品类与鉴定

1. 工艺特点、品类

（1）方牌形玉带钩

方牌玉带钩仅见于春秋至战国早期，可认为是一种较原始的玉带钩，发现数量不多，却非常有特点，形体一般不大，钩体多为方形或圆角方形，钩面饰纹，有带孔或钩钮。

（2）方形玉带钩

方形玉带钩有方形和菱形两种，前者数量较多，后者数量较少，这类玉带钩的做工相对简单，一般不加琢纹饰。方体形玉带钩自战国早期开始出现，在战国至两汉时期多见，明清时期仍有制作使用。

（3）曲棒形玉带钩

曲棒形玉带钩，钩体细长，首尾径相差不大，是直接仿曲棒形铜带钩而成。曲棒形铜带钩最早见于战国时期，秦代始见有曲棒形玉带钩，但数量不多，直到西汉时期才逐渐多起来。

曲棒形玉带钩中有一种为多节串连型，分节制作，中间贯以铁芯，起到增加强度的作用。

秦代曲棒形玉带钩在河南泌阳宫庄北岗曾有出土，白玉质，半圆体，首尾均为龙头形，通体饰勾连云纹。

西汉曲棒形玉带钩，大多仿自秦代，也是首尾都是龙首。

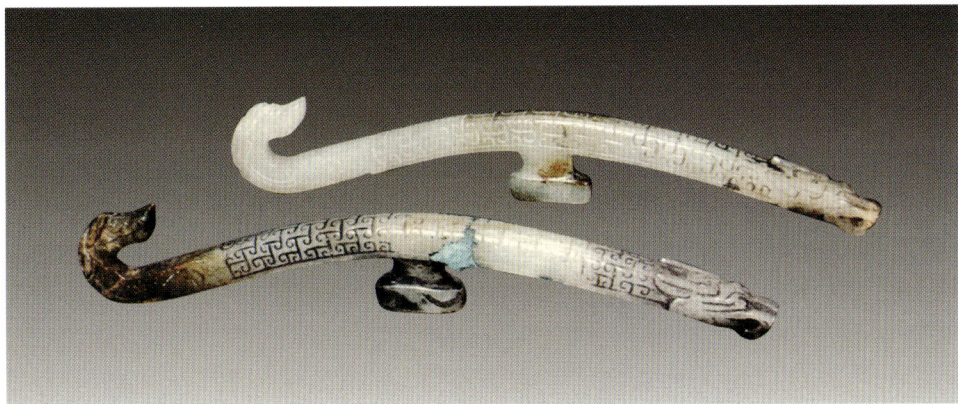

🌸 西汉前期 玉龙形带钩

东汉曲棒形玉钩发现不多，河北定县北庄中山简王刘焉墓出土一件，系以和田白玉制成，细体，龙首，尾为虎首，体饰勾连云纹。

由于曲棒形玉带钩出土于等级很高的墓葬中，可知这种玉带钩是王族专用品。

（4）素体琵琶形玉带钩

素体琵琶形玉带钩，整体形如琵琶，只是有的稍为宽扁，有的略为窄长，钩体光素无纹，有的有瓦棱线，或在钩首部位略有雕花，明显仿自铜带钩。其中年代较早者为战国早期、两汉时期出土

较多。宋元时期再度出现，明清时期依然流行。这种玉器的鉴定相对容易，因为镂空处易见到线锯痕，另外，玉质较佳，多用和田籽料的特征也十分重要。

湖北随州曾侯乙墓出土几件素体琵琶形玉带钩，多为灰白玉质，鹅首形钩，为战国早期素体琵琶形玉带钩的典型器。

两汉素体琵琶形玉带钩在各地均有发现，属西汉时期的典型器，可举几例。第一例出自江苏铜山小龟山，青白玉质，鹅首形钩。第二例出自陕西长安杜陵陪葬墓，青白玉质，龙首形钩，瓦棱体。第三例出自云南晋宁石寨山 4 号墓，青

🔥 西汉 玉带钩

灰玉质。东汉素体琵琶形玉带钩发现较少，甘肃武威雷台出土一件，龙形钩首，钩体略长，钮居钩体中部。

宋代素体琵琶形玉带钩多为青玉质，表面泛灰白色，龙形钩首居多，体饰瓦棱纹。

明清时期，素体琵琶形玉带钩在帝王墓和民间富贵人家墓葬中均有出土。北京昌平明十三帝陵曾有出土玛瑙质、羊头形钩首。清代制作的琵琶形素钩，与明代相比并无明显变化。

(5) 雕饰琵琶形玉带钩

雕饰琵琶形玉带钩是玉带钩中的精品。鹅头形钩首，体饰圆体云纹，钩体作琵琶形，钩体较小，钩面一般有浮雕和透雕纹饰，钩体上饰有几何形纹饰，多灰白玉质。这种带钩在战国早期已出现，以后各代都有制作，做工精致。明清两代最为常见，出土也较多。

汉代雕饰琵琶形玉钩，钩体上以几何纹饰为多见。

从晋开始，雕饰琵琶形玉钩上出现

🏵 汉代 龙虎纹带钩

🏵 西汉后期 玉带钩

七、玉带钩

🔸 汉代 螭虎纹玉带钩

浮雕纹饰，钩体上出现了全形螭龙。典
型器出自安徽当涂六朝墓，白玉质钩，
钩首作凤头形，钩体作凤身形。这种装
饰前朝不见，后代也无。这种装饰风格
对后世玉带钩的形制影响很大，甚至成
为元明清三代玉带钩的主流样式。

元明清三代，雕饰琵琶形玉带钩上
较多出现的是螭龙纹。钩体上雕小螭衔
芝，螭首向着钩尾，造型小巧精致。到
明清两代，这种雕小螭的玉钩，螭首无

不向着钩首，风格非常接近。

明代琵琶形玉钩也有素体另加装饰
的，龙形钩首，素体嵌红黄蓝宝石。另
外也有作其他装饰的，如鹿头形钩首，
圆雕折枝桃、蝙蝠，寓意福禄寿。

清代小螭琵琶形玉钩雕工极为精湛，
清墓中出土较多，多数为龙形钩首，圆
雕全龙形，有的雕饰图形略有变化。明
清圆雕小螭琵琶形玉钩的风格近似，一
部分是清仿明的结果，也有相当一部分

🔸 东汉 玉带钩

是明代延续到了清代，所以这两朝的雕饰琵琶玉带钩不容易判断时代，相当多的玉带钩原本可能是属于明代的制作。

(6) 扣形玉带钩

玉带钩中有一种别致的样式，钩与环体均为形制相同的牌形，两两相扣。在一般著述中都将这种带钩称为玉带扣，其实还是玉带钩，是接近钩环组合使用的那种，可以称为扣形带钩。

从考古资料看，这类扣形玉带钩最早出自宋代，应是宋人拟古之制，仿自

🏵 西晋 玉带钩

🏵 元 玉螭纹三连环带扣

春秋方牌形玉带钩。宋人在搜集古物时应见过这种玉带钩。而春秋牌式玉钩可能是直接勾挂于革带孔中，是否还有配套的玉环牌，尚无法确定，也未见有相关的考证资料。

扣形玉带钩，明清时期仍然流行，多为玉质钩体，龙形钩首，规整对称的方牌形，器表纹饰有一些变化。

扣形钩在考古发现中虽然不多，但传世品数量不少。与扣形钩相关的发现，还有一种玉扣，它的形态及使用方法与扣形钩完全相同，但它并不是用于系带，而是用于扣衣服，样子相对小巧一些，可以直接称为"扣"。这种玉扣，也不能称之为带扣。

（7）异形玉带钩

有一些造型特别的古玉带钩，出土

🌸 元代 "春水"玉和白玉带钩

🌸 元代 玉带钩

数量不多，也不易观察它们的时代演变特征，故归为异形玉带钩。这些带钩，造型有的是仿自同类的铜带钩，有的是发挥玉雕的表现优势，造型变化多样。

古代还有带钩与带环组合使用的实例。在战国楚简中钩与环并提，或许它们应当是一对组合器物。在墓葬中也见过带钩与环共存的例证，有时带钩直接勾挂在环上，这种环应该是带环，是与带钩一起使用的带具。

一般来说，在出土文物中带环的确认有一些困难，因为环的用途并不只是作带环。不过在考论玉带钩时，带环的确认似乎要简单得多。在一些墓葬中多有出土玉带钩与带环共存的例证，而且有时带钩直接勾挂在带环上，它们不仅取材一致，而且雕琢风格也完全相同。不可否认这种钩环配是古代存在的事实，

但并非所有带玉钩都使用玉带环勾挂，包括秦俑在内的一些人物雕像上，发现带钩一般都是直接勾挂在革带孔中，多数带钩应当是采用这种直接勾挂的方式。

3. 鉴定

战国玉带钩的形制已发生很大的变化，开始在带钩上琢纹饰。古代玉匠对带钩的创造灵感来源于其他佩饰，人们把以前简单的钩体做成龙形体，几成后代定式。这样带钩就上升为具有欣赏价值的珍贵的艺术品。最初在玉带钩上琢出起棱的瓦棱纹，应是仿制青铜带钩而来。一般带钩钩头呈龙首或虎首状，用阴线琢出龙首、眼、鼻、耳等器官，在身上琢出浮雕卷云纹、阴线纹、兽面纹等，形制相当精美。

汉代是带钩的鼎盛期，玉带钩的品

🌸 明代 青玉螭虎纹龙首带钩扣（首博藏）

种、花样、纹饰都很多。选料讲究，多用和田白玉，琢磨细致，刀法简练，质量上乘，数量也较多。汉代玉带钩大多通体光素无纹。钩首也雕琢得非常简洁，有的仅存轮廓，有的只是刻划几刀而已。即使有的钩身上阴刻纹饰，也是非常简单、挺拔、有力。有的仅在钩面琢磨几道弦纹，或在两道弦纹中间压铊斜磨，形成纵向凹槽，看似凸脊一般。值得一提的是，西汉玉带钩多用和田白玉，素面较少，其上多琢有纹饰，有浮雕蟠螭纹、凤鸟纹等，还有由几种纹饰组合而成的复合纹，工艺精湛，艺术水平之高为历代罕见。还有多节玉玦由铜棍组装在一起的特大带钩，有的长达 24 厘米，更有 27 厘米者，这种带钩应是作陈列、欣赏之用，而非实用器。

唐宋以后，玉带钩仍在使用，由于服饰的改变，玉带钩已发展成对口的带扣了，这与唐、宋、元盛行玉腰带板有关。带扣多用白玉制成，也有用青玉、碧玉的。带扣上多环纹饰，有镂雕花卉纹及龙凤纹等。这时的带扣使用者也多为贵族、富商。到明清之际，玉带扣仍很多见，形态趋向短小，并有仿古带扣出现，带钩与带扣配套使用，但也有一些带扣或带钩可能是用于艺术品欣赏、陈列，而非为实用。

另外，其玉质较佳，以和田籽料为主的特征也十分重要。

（三）存世量分析

根据文献记载，玉带扣及带钩早在四五千年前的良渚时期就已出现，之后各个朝代都有各自的形制，但传世的还

🏵 明中期 玉龙钩

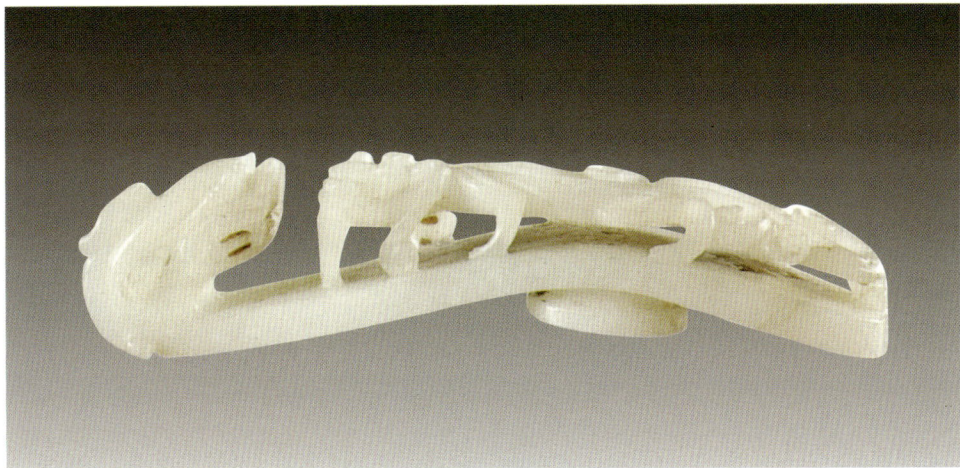

清 白玉龙首螭纹带钩

是以明、清两代作品数量较多。

这里主要指明清两代玉带钩，也包括战国汉代玉带钩，流入市场总数约有5000件至8000件左右，大多为明清两代，极品约2000件左右。

（四）影响收藏价值的因素

影响玉带钩价值的因素：近年来随着各大拍卖市场对玉带钩的钟爱，市场上出现很多仿品，一般收藏者对玉带钩的知识缺乏，对玉器鉴定的认识不深，导致很多收藏者对玉带钩的收藏，仅流于嘴巴上的讨论。

（五）目前国内外市场行情

玉带钩在国内外皆有拍卖，近年一个汉代玉带钩拍卖至1000万元是一个实例，在2008年，一件中国西汉时期的黄玉带钩以82.525万英镑（约合130万美元）的最高价，在伦敦创造了世界拍卖史上玉器拍卖的最高纪录。这件估价为英镑10万元至15万元的黄玉带钩，把在克里斯蒂拍卖行总部进行的"中国瓷器和包括出口艺术品在内的中国艺术品拍卖会"推向高潮，现场竞拍者、电话委托者和网络竞拍者竞争激烈，最后，一个不愿透露姓名的上海买家通过网上交易将带钩拍走。

国内的玉带钩多在十万元以下，一些做工不太精美的玉带钩，数千至数万元可以收到手。

（六）投资增值依据

明清玉带钩选料精良，做工复杂，并多需大块和田籽料，多成对出现，

❀清 青白玉子母龙带钩

多采用立体雕、浮雕技术，用料考究，以和田玉籽料为主，具有很强的艺术欣赏性。

虽然明清玉带钩花样繁缛，但无论是做工还是艺术水平，均低于汉代玉带钩。原因是清代治玉，仍然是脚踏转动的水凳，相比汉代没有多大提高，而且清代玉器缺乏汉代严谨、流畅的风格。所以投资收藏战国、汉代玉带钩的升值空间更大，而明清玉带钩因数量较大，艺术水平不高，价位相对低。

八、玉炉顶

（一）释名与沿革

1. 释名

金、元、明代传世玉器中有一类镂雕玉器，形似馒头状，其上是镂空雕的山石、人物、花鸟等，底部的平面上有一对象鼻穿孔。这类玉器一些大博物馆如清宫的旧藏不少，南京博物院也有收藏。它们有些是扣盖在铜香炉、玉香炉上，有些是单独存放的，于是有人认为是"玉炉顶"。

玉炉顶是说这是镶嵌在香炉木盖上的纽状玉雕器，之所以制成馒头状，是便于扣盖和拿下；之所以做成镂空雕的山石、人物、花鸟等，一是防止香火进出，

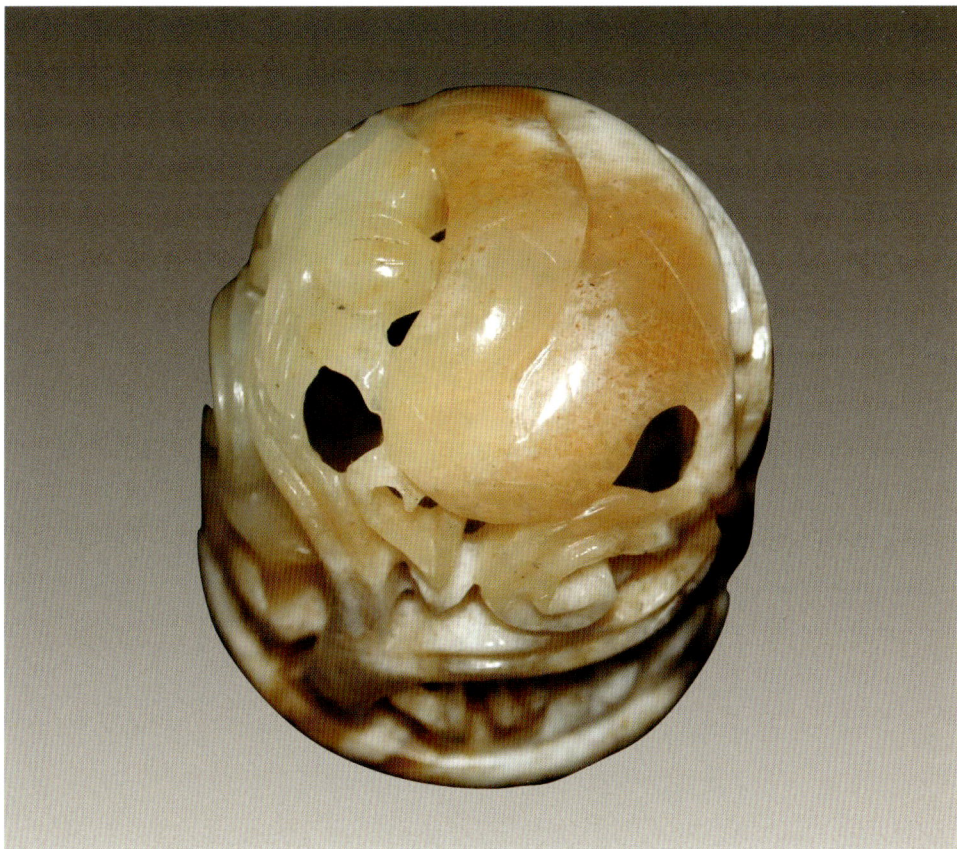

战国 玉炉顶

🔸 宋代　白玉人物纹炉顶

二是利于烟气散出，三是雕刻山石、人物、花鸟等，便于欣赏。于是玉炉顶之说，似乎也讲得通。

2. 沿革

其实，玉炉顶也可能就是玉帽顶。金元时期有用玉帽顶的习俗。明代人们束发，不用帽顶，把元代玉帽顶改做炉顶之用也是可能的，所以后人统称之为炉顶。

关于元代官民都戴帽子，用珠宝玉器装饰帽顶的习俗，在史书上有记载，

如叶子奇《草木子》载："元代官民皆戴帽，其檐或圆，或前圆后方，或楼子。"元末明初人陶宗仪在《辍耕录》中记载："成宗大德间，本土巨商中卖红刺石一块于官，重一两三钱，估直中统钞十四万锭，用嵌帽顶上。"另有一故事："河南王卜怜吉歹为本省丞相时……一日行郊，天气且暄，王易凉帽，左右捧笠待，风吹坠石上，击碎御赐玉顶。"

无锡元代钱裕墓出土一件玉帽顶，与元代绘画中有光素无纹的玉帽顶相同，是唯一一件出土的光素无纹的帽顶，当

🌸 宋代　白玉镂雕鸳鸯卧莲炉顶

是反映元代玉制帽顶的另一种类型。此件白玉帽顶，为半圆形纽状，高3.5厘米，宽5.1厘米，厚2.5厘米，重80克，白玉质，表皮微有黄土色沁。光素无纹，表面抛光较亮。底部收敛，椭圆形底部上有一对象鼻穿，靠边缘处有一深铊痕。这件玉器定名为帽顶，原因有三：其一墓中陪葬物没有铜炉，不会拿一件"玉炉顶"入殓。而墓中的玉器都是墓主生前日用品，除桃式玉杯外，其他均为随身首饰、佩饰，因此这件玉雕应是"玉帽顶"。其二，此墓为夫妻合葬墓，在女棺中出土有银发罩一顶，想必钱裕本人也应有帽戴，帽子已腐烂，仅留下这件白玉帽顶。其三，钱裕生活在南宋末至元前半期，与元代地方官交好，此器玉质较好，为新疆和田白玉，抛光又亮，大小尺寸与所见玉纽相似，重量也差不多，器底又有一对象鼻穿，所以此应为钱裕生前所戴帽顶。

明人高濂在《遵生八笺》中记有"自唐宋以下所制不一，炉顶、帽顶……工

🏵 南宋 青金石鸳鸯莲荷纹炉顶

🏵 金 玉镂雕仙人纽

致极矣，尽矣。"不过，明人高濂是将"炉顶、帽顶"一起连用的，表明明代人也不能确定这种馒头状的镂雕玉器，是炉顶，还是帽顶。

明人沈德符在《万历野获编》载："近又珍玉帽顶，其大有至三寸，高有至四寸者，价比三十年前加十倍，以其可作鼎彝盖上嵌饰也。问之，皆曰：'宋制。'又有云：'宋人尚未辨此，必唐物也。'竟不晓此仍故元时物。元时除朝会后，王公贵人俱载大帽，视其顶之花样为等威，尝见九龙而一龙正面者，则元主所自御也。当时俱西域国手所作，至贵者值数千金。本朝还我华装，此物斥不用，无奈为沽客所昂，一时竟珍之，

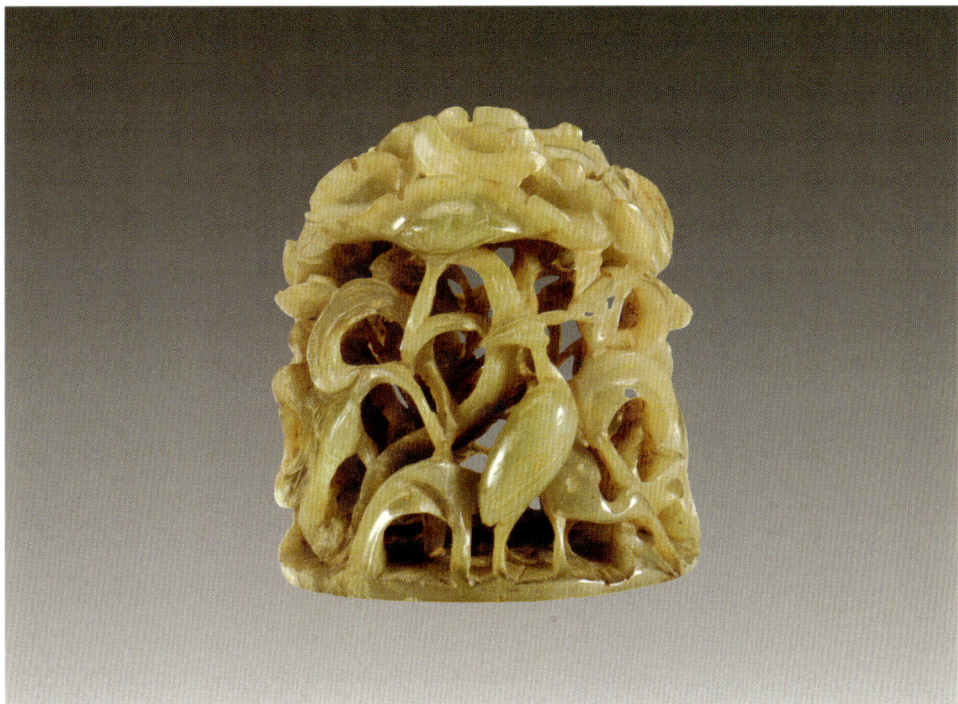

🏵 元 青玉莲鹭纹炉顶

🏵 元代 青白玉莲鹭纹帽顶

且不知典故，动云：'宋物。'其耳食者从而和之，亦可晒矣。"

明人沈德符用一大段文字否定是唐宋玉炉顶，明确说是元代玉帽顶，并指出帽顶是元代人区分等级的一个标志。沈德符是明代万历年间人，明代万历年间是明代收藏古玩的兴盛时期，沈德符对玉帽顶的解释，实际上也代表了明代收藏界的一种意见。

关于金元时期有玉帽顶的事实，也有其他旁证资料。如《雍熙乐府》是一部收集元曲的书籍，其中《雍熙乐府·卷五·点绛唇》中有一段描绘宫人穿戴的戏词："戴一个镂金厢帽顶鸦鹘石，虽不曾入班……"。这一句戏词提供了

元 青白玉莲鹭纹炉顶

"戴、顶、镂金、厢、鸦鹘石、班"等信息资料。

在元曲词汇中，厢，同"镶"。自唐开始，士人多尚重戴，常常在帽顶上加石雕饰物，于古制并没有什么不妥。

镂金见《元史·舆服志》："宫人用缕金帽。"

鸦鹘是鸟名，性凶猛，古代常用以助猎。《全元散曲·柳营曲·题章宗出猎》："白海青，皂笼鹰，鸦鹘兔鹘相间行。"文中的兔鹘是一种局部羽毛带赭色的白鹰，契丹和女真人称束带为兔鹘或吐鹘。因此元代玉器也承传了契丹人和女真人的"春水玉"中的海冬青和鸦鹘，由此可知元代宫人帽顶上的石雕"鸦鹘"，既是身份的象征，也说明一定有玉制的帽顶。而传世品玉饰如鸳鸯卧莲、鹭鸶荷叶、龙穿牡丹等玉帽顶，有可能就是专供当时大小朝官使用。

而且迄今为止，考古还没有发现一例铜炉与玉纽伴出的实例。上海嘉定法华塔元代地宫中出土的一件元代铜薰炉，

炉盖是整体镂空,顶盘一龙,与盖为一体,说明元代铜薰炉的盖上也不一定要镶嵌玉炉顶。

所以说,在元代,玉炉顶很可能是作帽顶用的。

明人之所以把元人的玉帽顶用作炉顶,很可能与明初朱元璋下令销毁元代遗物有关。玉帽顶是元代官帽上的饰物,明人当然要把帽子毁了,玉帽顶也就失去了使用价值,或许是某位匠人废物利用,便把它镶嵌在香炉的盖上,这就是清宫旧藏中有玉炉顶的原因。

另外,明代还仿此样式制作炉顶,如明益宣王墓出土的那件白玉镂空鸳鸯戏莲纽,它与故宫旧藏的明代青玉兽面纹冲耳炉紫檀木盖上的鸳鸯衔莲盖纽形制基本相似,这也就是后世人们将此类玉纽都称为炉顶的原因。

(二)工艺特点、品类与鉴定

1. 工艺特点

金元时期,在一件玉器上制作镂空雕,唯一的方法是打筒钻,打筒钻不仅

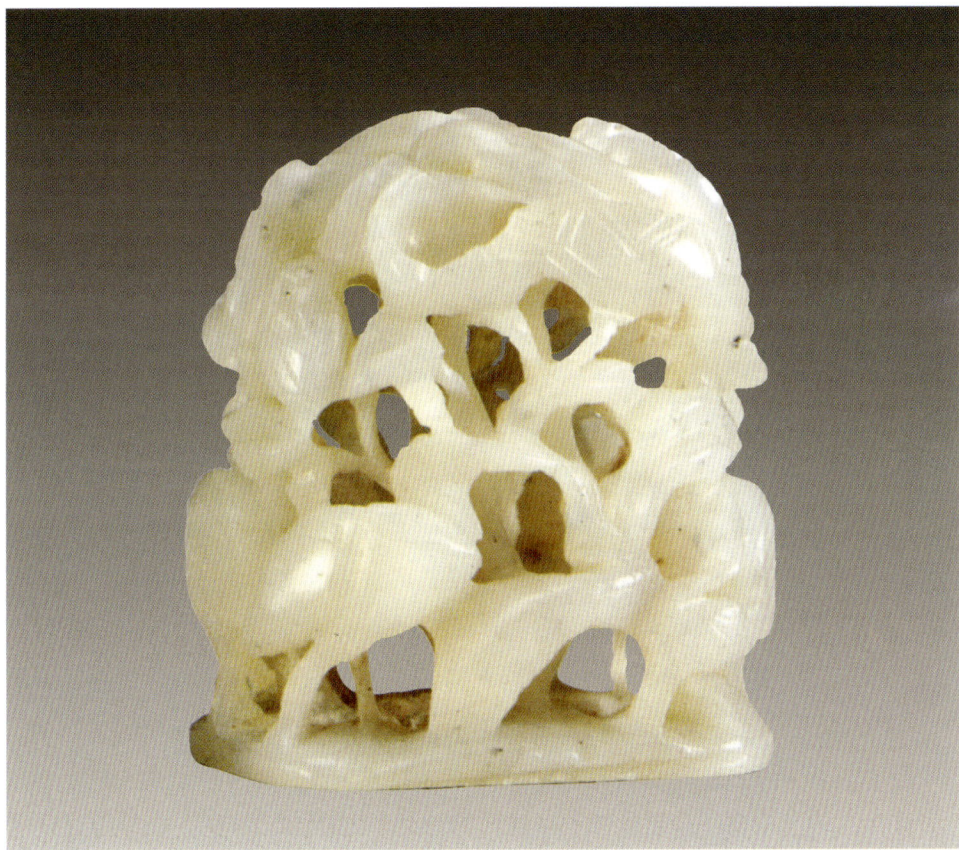

🌸元 白玉莲鹭纹炉顶

元 青玉双螭纹炉顶

用于镂空，也用于在玉件上做深度推落（做出有深浅变化的雕刻层次），直到清代，甚至在 20 世纪 60 年代都是如此，设备是手拉钻，也可用水凳。制作是费时费力，也正如此，才表明玉帽顶是精工细作的名贵之物。

2. 品类

玉炉顶的形制大同小异，就是镂雕、透雕题材不同。

3. 鉴定

收藏玉炉顶，要了解玉炉顶。

元代以前，采用镂空悬塑工艺琢制的"春水""秋山"，是最流行的玉雕题材：以鹘捕鹅为主题，衬有荷叶、莲花、水草等图案的玉饰，称"春水"，以山林虎鹿为题材的玉饰，称"秋山"。这种题材在游牧民族中非常盛行。进入元代之后，春水、秋山题材依旧流行，但器型却大大缩小，其中炉顶上的春水、秋山纹最为盛行。

辽、金玉器细腻灵巧，小件多大件少，镂雕手法运用比较普遍。

玉炉顶仿品较多。时常有古玉爱好者将收藏品送来鉴定，几乎都是现代仿品，上当受骗者比比皆是，走眼错判的专家也屡见不鲜。因此，仿古玉器的真伪鉴定是当前一件繁重而艰巨的任务。

这类作品鉴定简易，从镂空处可见真品的线锯痕和粗糙的解玉砂痕迹。现代仿制者不同，用电动机器加工，效率

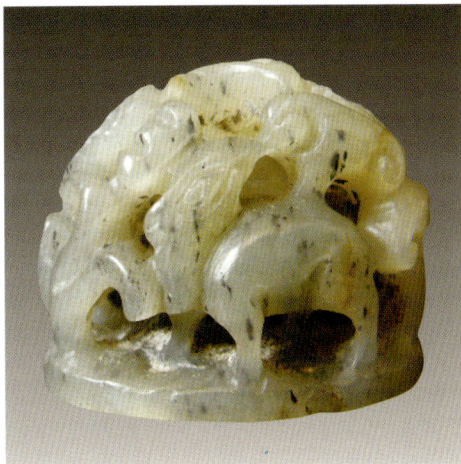
元 秋山玉炉顶

佩饰精等因素，是影响其价格的主要原因。

（五）目前国内外市场行情

目前国内外拍卖市场上，最常见的是春水、秋山题材的玉炉顶。这两种题材是辽、金玉器用得最多，最具北方少数民族风情特色。

2012年北京保利春拍时推出一件"元提油巧色螭纹玉炉顶"，无底价起拍，成

比较高，但由于急功近利，做工一般比较粗糙，其加工痕迹与手工作业有所不同。根据前人的研究发现，通过石器微痕分析法，可以区别。

（三）存世量分析

玉炉顶近些年是拍卖市场的一个小热宠，主要以元明两朝为多见，但是也有少量清朝的。我总结了下市场存估量，约有三万件至五万件左右，其中精品约两三千件，值得我们选购收藏。

（四）影响收藏价值的因素

玉炉顶的形状和定名，使许多人认为这不过是一种用具，而在许多人心目中玉首饰才是最好最值钱的，所以玉炉顶价格较低。另外，玉炉顶不便佩带，工艺不如

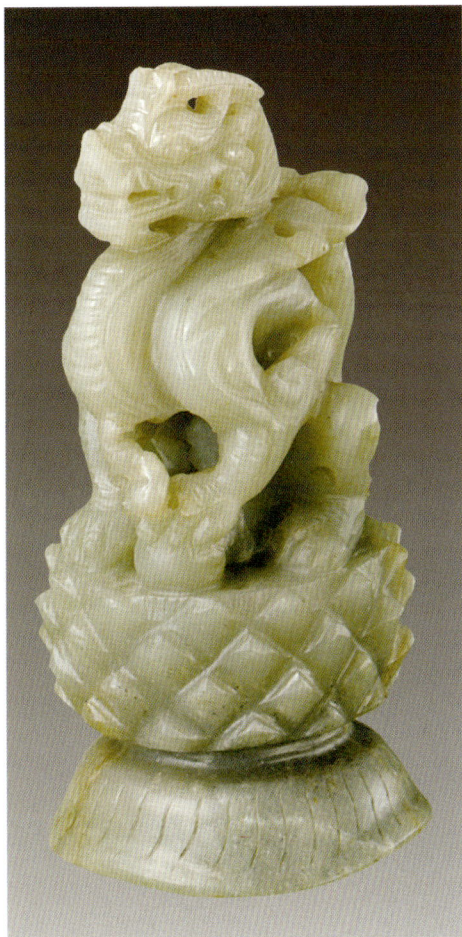
元 玉望天龙形组

🔥 元 玉炉顶

交价高达 6.3 万元。这件元代玉炉顶，雕两只螭龙盘曲于一山石上，两只螭龙的造型基本相同，呈爬行状，伸头咬住长尾，但一为鳗鱼头形，另一为圆鼠头型，均用于阴刻线表现五官，双眉连鼻呈"丫"型，并向上勾卷，三角眼，宽额，双尖耳内凹。一只螭龙有长发向后飘卷，另一只螭龙无毛发，均细颈长身，肩部与臀部均刻有涡旋纹，身躯虬曲遒劲，以阴刻一长线纹表示背脊，脊线两旁饰竹节纹。四肢上无纹，脚趾拳握。中间为实心玉山，平底上有一对象鼻穿，可供系嵌之用。

玉炉顶，在香港一些拍卖会上出现

🔥 元代 荷间行龙玉顶

过更高的价格。

2006年北京翰海秋拍时推出的清代玉俏色"春水"炉顶，估价3万元至5万元，成交价高达11.55万元。炉顶上以镂雕做出莲叶、莲瓣、莲篷、苇叶、水草、鹭鸶，形象刻画栩栩如生，纹饰穿插多达三四层，玲珑剔透。这种情况在龙纹型炉顶中尤为明显。

从目前拍卖市场的炉顶来看，凡能拍出高价的，其镂雕工艺绝对属于一流，不仅注重表层，而且注重体块内部的造型处理。应该说，龙纹的炉顶并不少见，但能拍出高价的并不多，目前炉顶拍卖的最高价就是在2004年天津文物商店的春拍上，元代白玉镂雕云龙炉顶，估价2—5万元，成交价达到了16.5万元。从上

🌸 明　玉炉顶

面的镂雕层数上，我们就可以看出精品的特点了。

在2004年北京华辰的春拍上，铜鎏金龙穿花卉纹大炉顶，成交价达到了5.72

🌸 元　白玉双童炉顶

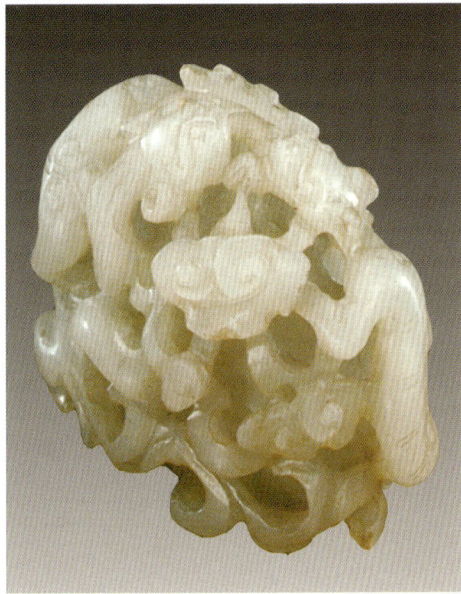

🌸 元　白玉双螭纹帽顶

八、玉炉顶

🌸 青白玉炉顶

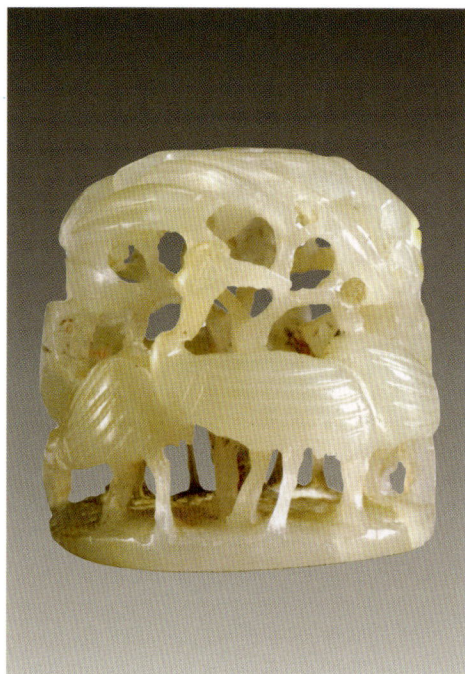

🌸 明代初期 青玉六鹭纹炉顶

万元，其通体透雕龙穿花纹，构图与台北故宫博物院藏元代缂丝花间行龙图极为相似，龙纹特征一致，是典型元代金属工艺之佳作。

由于炉顶的底部比较平坦，因此一般都会被配上特定的底座，作为案头陈设，显得十分高雅。这一现象表明，原本作为器物捉手的炉顶，由于其艺术价值远远超过其使用价值，所以到了文人手里，有的已经被改制成纯玩赏性的艺术品了，其投资"钱"途由此可见一斑。

（六）投资增值依据

从艺术表现形式分析，玉炉顶是玉山子的原型，制作时运用了镂雕、浮雕、浅雕及立体雕琢等多种技术，具有很高的工艺水平。由于玉炉顶的底部较为平坦，有人便配上一个木座，用作案头陈设，也十分高雅。这说明，玉炉顶的艺术价值还是很高的。

再者，玉炉顶是辽、金、元时期北方少数民族的产物，具有浓郁的草原文化特色，数量不多，目前价位偏低。

九、古代玉容器

（一）释名与沿革

1. 释名

古代玉容器是指古代（包括近代）用玉料制作的器皿类产品，有玉杯、玉角杯、玉壶、玉卮、玉盘、玉耳杯、玉碗、玉樽、玉鼻烟壶、玉盒等。另外，玉文房用具中的玉笔筒、玉水盂、玉砚滴、玉笔洗，从用途上也属于玉容器。

另外，古玉器中还有一类玉仿古彝器，是用玉仿三代青铜器而成的玉陈设器，常见有玉簋、玉壶、玉觯、玉罍、玉觚、玉卣等，名称、形制与青铜器相同，但器型小得多。

不过，玉行中不用"玉容器"这个名称，一般和玉仿古彝器都归为一类，称为"炉瓶熏壶"或"平素"。明清以来，玉容器与玉仿古彝器，是玉雕行业生产的主项产品，最好的玉料，都优先考虑制作这两类玉器。

2. 沿革

过去，不少人对传世文献中记录的三代玉尊、玉爵等玉器皿表示怀疑，认为先秦时代的工匠未必能造出玉容器。1977年殷墟妇好墓出土一件玉盘和两件玉簋，证明在殷商时期就能制造玉容器了。后来，在良渚文化和凌家滩文化遗址中也发现玉容器，证明在新石器时代晚期就有玉容器。春秋至南北朝时期，玉容器很少发现，只是出土过玉角杯、玉高脚杯、玉枕等。

隋唐时期，玉杯、玉碗等玉容器逐渐多起来。元代，元世祖忽必烈敕令皇家玉工制成一件渎山大玉海，置于北海琼岛广寒殿中盛酒。

明清时期，玉容器有较大的发展，

🏵 高足玉杯（徐州狮子山西汉楚王墓）

🔥 玉耳杯（徐州狮子山西汉楚王墓出土）

🔥 隋代 金镶口玉杯

每一种玉容器都有许多样式，不仅皇室和贵族使用，连官员、富豪之家也拥有。由于用于制作玉容器要用块头大、品质好的玉料，制作玉容器的玉工的技艺也很高，所以玉容器有很高的艺术价值和收藏价值。

🌸 唐代　白玉八瓣花形碗

（二）工艺特点、品类与鉴定

1. 工艺特点

玉容器的制作与一般玉器相比，多了掏膛和上花（器表的浮雕装饰）两道特殊工序。对玉料有料大、色均、绺裂少的要求，器表的装饰，不仅仅是浮雕，还往往与轧丝、内画、活环活链、子母口、刻字等特殊技艺相结合。

2. 品类

（1）玉杯

玉杯品种较多，有单柄高足杯、单耳杯、角形杯、双耳杯等众多类型。

玉高足杯，流行于战国、秦汉时期，有的有盖，杯外壁琢有浮雕螭龙、凤鸟及谷纹，把手雕作螭龙形。

玉角杯用一整块青白玉雕成，中间凿空成犀牛角的形状。各种工艺方法，如线刻、浅浮雕、高浮雕、圆雕等，在玉器身上巧妙布局各层纹饰，再经过细致的打磨。

宋代玉杯有筒状玉杯、椭圆玉杯、单柄玉杯、荷叶形单柄玉杯等。

明代玉杯品种数量多，有雕花玉杯、敞口玉杯、乳钉纹玉杯、直口八方玉杯、八瓣菱花式玉杯、小匜玉杯、莲瓣玉杯、

🌸 唐代　白玉人物纹碗

桃式玉杯、石榴玉杯、斗式玉杯等。其中最有明代特色的玉杯是雕花玉杯，因杯体外侧有大量镂雕装饰而得名。杯体也多为花形，外侧装饰花枝；也有的杯体为圆形，直口，但杯外镂雕松竹或其他图案。雕花杯的镂雕部分很大，体积超过杯体。

清代玉杯的工艺成就很高，杯式之多，集历代之大成。从鉴定角度来看，清代玉杯有两类。一类玉杯是把杯形琢成荷花、菊瓣、海棠、石榴、葵花、贝叶等花叶形状。另一类玉杯是在几何形杯体上附加人形、螭形玉耳、螭纹，或带有兽面纹。这两类玉杯存世较多。玉杯的清代风格主要体现在附加物的制作工艺特点上，如玉人的头较小，开脸较细致，眼与嘴是用线刻，鼻较高；衣纹简练而短，衣褶没有凸起锋棱，裤腿较瘦。又如玉螭之形与明代玉螭相近，但玉螭的头部简练，五官集中于螭头的前部。再如兽面纹多仿汉代之制，但所用线纹较多，兽面纹的眼无神等。

🌺 清代 玉角形杯

🌺 宋代 青玉龙柄长方折角杯

（2）玉壶

壶是鼓腹小口容器，因要掏膛，制作难度大，故玉壶在战国时期才有。两汉时期，玉壶也是偶有发现。

玉壶的器形多样，其中一部分玉壶仿古代青铜器——鼎、簋、壶、钫、甗、豆、鉴、爵、角等，兽耳、腹部饰兽面纹。还有一部分玉壶仿瓷器形的玉壶春、葫芦瓶、棒槌瓶、双筒瓶等作品。另外还有一些博古题材的玉陈设，往往在仿古壶瓶的两侧，增加一些其他物件。

明代玉壶有四种：第一种为下宽上窄的细高型，腹部扁而宽，似桃形，细长圆筒颈，夔式柄，圆盖，盖面微隆似斗笠。第二种为上宽下窄的细高型，上部粗大，下部细瘦，壶体似梅瓶，或饰莲瓣，夔式柄，细长流。第三种为矮方壶，壶体近似于立方体，边棱处磨成坡状或委角，剔雕或浅浮雕纹饰，夔式柄，细长流。第四种，壶体近似于圆形，外表琢花卉图案或山水图案，图案为极薄隐起，构图简练，意境深远。在这四种类型基础上，明代玉壶还有许多变化，出现了莲花壶、菱瓣式壶，或饰桃式开光，人物、寿字等多种样式，图案纹饰也有高浮雕、浅浮雕、剔雕、隐起等多种变化。

清代玉壶还有瓶形壶及矮小腹大的玉壶，前者以纹饰繁缛、造型奇巧而著称，多为宫廷陈设赏玩之器；后者以实用为主，主要用于泡茶，有时兼作酒具。清

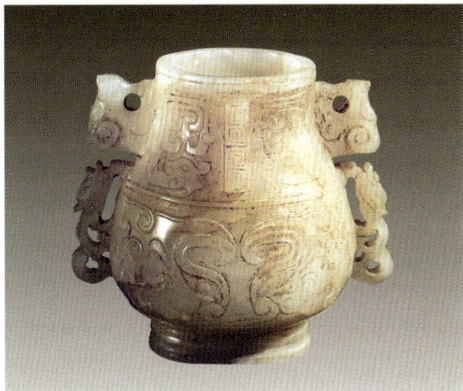

🌸 南宋 青玉兽面纹卣

代玉壶以白玉居多，碧玉、青玉也占一定比重。在民间亦有一定数量玉料较差、工艺较粗糙的玉茶壶。

（3）玉匜

匜为古代盥洗时舀水用的器具，宋代龙大渊的《古玉图谱》和清代吴大澄的《古玉图考》中都有关于周代玉匜的记载。在海外及民间，也有战国或西汉的玉匜，龙首耳、三兽足、瓦楞纹匜身，边饰回纹。这种玉匜数量极少，弥足珍贵。

明清时期，仿古风盛行，宫廷和民间玉工多仿制青铜器，玉匜数量较少，但仿制较精。用于观赏、陈列，也兼作水盂使用。

（4）玉碗

玉碗的制作要采用旋心法制坯，工艺原理虽不复杂，但在没有转速稳定机械动力的条件下，要将玉料加工成碗的粗坯，是极其费料和费时的，故明代以

103

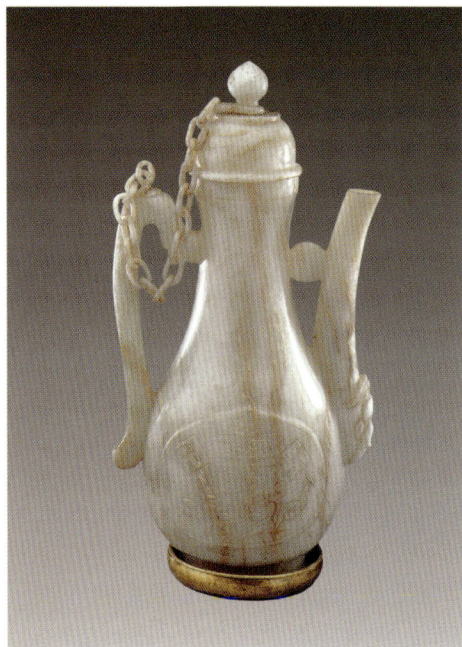

🏵 南宋　青玉兽面纹卣

🏵 南宋　青玉兽面纹卣

前的玉碗不多。

　　广州汉代南越王墓出土一件带活环的玉盖碗，器形规整、纹饰精致。民间收藏的汉代盖碗，有镂空雕琢蟠螭凤鸟纹的，也有浮雕双耳及螭龙盖钮的，玉料及工艺极佳。

　　明代玉碗胎较厚，有敞口、直口二种，圆形，碗外壁饰有龙纹、鱼纹、花卉、山水人物纹饰。花卉纹玉碗多为永乐、宣德年间的作品，碗外壁饰有大花、大叶，叶面和花瓣上留有较多的平面，布局不满，留有较多的空白，雕法多是在图案

🏵 南宋　玛瑙环耳杯

边缘处以斜刀剔下，图案表面与碗壁近似于一个平面，或用浅浮雕凸出图案，与同时代雕漆制造有近似之处。

龙纹、鱼纹的玉碗多为嘉靖年间以后的作品，图案多为阴线琢成，龙身细长如绳，爪如风车，发短而前冲，环眼如灯，三绺形眉。

清代玉碗制造数量巨大，其中有一些大碗胎薄，口圆，造型周正，有的作品外壁还刻有御制诗句。

（5）玉樽

樽和卮同是古代盛酒、饮酒的器具，大小相仿、形制相近，多为三足、单耳直筒形状。有时从器形上很难区分樽和卮，有学者认为器形大的应为樽，作临时盛酒或温酒之用；卮的器形则相对较小，是饮酒的用具。樽和卮在商周和汉代以青铜和漆木制品最为多见，玉质的则十分少见，偶见于贵族府第，是身份、

🌺 清 痕都斯坦玉六方瓶

🌺 辽 青玉双耳鹿纹八角杯

九、古代玉容器

地位的象征，其工艺水平很高，具有很高的文物价值和艺术价值。

（6）玉炉

炉是古代焚香的容具，多以金属制成。香炉的形制源于鼎，由青铜鼎缩小而来，多为三足两耳状，因此叫玉鼎、玉炉均可，实为同一种器皿。玉炉迄今发现出土品甚少，所见多为明清时期所制。用作仿古陈设器的玉炉（叫玉鼎更好），多为明清宫廷陈设，制作考究，工艺精湛，有方形鼎、圆形鼎之分，如配有盖者，便是玉花熏了。

用作香炉的玉炉，宋元时期就有，明代玉炉开始增多，多无盖，实用性较强。

（7）玉盘

盘是一类以敞口、浅腹、平底、卧足或矮圈足为特征的盛器。妇好墓出土过一件玉盘，造型类盆，其用途也和青铜盘一样，是行"沃盥之礼"时的盛水之器。明清玉盘较多，是餐具，不属于玉礼器之列，以痕都斯坦式玉盘最有特色。

痕都斯坦式玉盘是仿西亚风格的玉盘，因乾隆皇帝的喜爱和提倡，开始在中原流行。痕都斯坦式玉盘，外形多模仿花、果、叶等植物之形，胎薄体轻，透明度高，多用青玉，纹饰为浅浮雕的菊花、葵花、菱花、莲花、折枝花、瓜棱、桃实、树叶枝蔓等纹，风格写实，器耳和器足多作对称的花果枝叶形，整体的造型、纹饰浑然一体。

🌸 明 白玉兽面纹兽耳炉

(8) 玉卮

《史记·项羽本纪》中有"赐之卮酒"。《汉书·高帝纪》："上奉玉卮为太上皇寿。"玉卮在当时就是名贵的酒器。卮，古代一种盛酒器，流行于战国和两汉时期，主要有玉卮、漆卮、铜镶卮等种类，主要由盖和卮体组成。玉卮是卮类器中最珍稀昂贵的奢侈品。目前见于著录的汉代玉卮仅有6件，其中5件为出土器，1件为故宫传世器。

从考古发掘出土的卮来看，整器集高浮雕、浅浮雕、平雕及镂雕、阴线刻等多种技法于一器，设计新颖，雕琢精细，堪称古代玉雕一绝。

❀ 明代 陆子冈制青玉合卺杯

(9) 玉耳杯

玉耳杯是一种椭圆形的玉杯，两边各有一长耳，有人看到它的俯视之形好似人面，便叫它为"人面洗"或"耳杯"，古称"羽觞"。羽觞只是一种杯式，没有特殊用途。我国出土颇多，主要是陶耳杯、漆耳杯。高档漆耳杯还有镶铜扣、鎏金铜扣、银扣等做法，个别还在银扣上平托金花纹饰，非常华美。由于王羲之在《兰亭序》中有"流觞曲水"之句，所以玉耳杯历代都有制作，成为文雅的象征物。

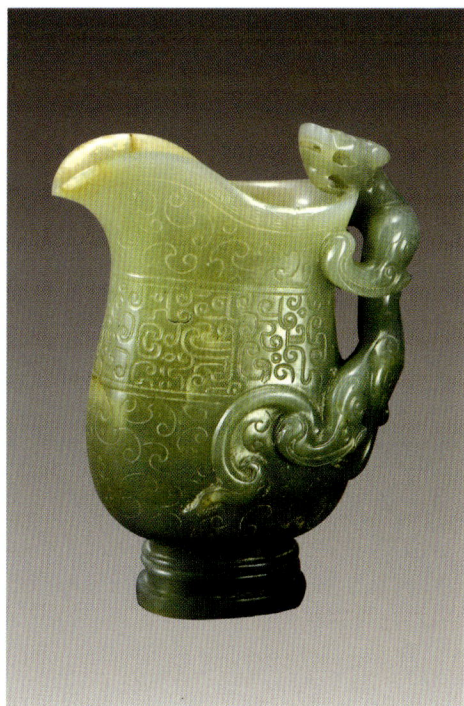
❀ 明中期 青玉云纹螭耳匜

(10) 玉盒

明代大量出现，有印泥盒、粉盒、首饰盒，还有些玉盒是玩赏之物。

玉盒有方盒、圆盒、桃式盒、荔枝盒、银锭盒、蔗段盒、蒸饼盒等式，其中，方盒有的上宽下窄，底部有足；有的上下等宽，底部稍凹；有的盒盖隆起；有的四壁稍有弧度。另外，玉盒所饰纹饰也有多种，有些玉盒的纹饰很有特点，故也有以纹饰特点命名的。如：

云螭盒，表面浅雕云螭纹，朵云勾连，不留空地，螭在云中，为爬行状，一条后腿前伸，另一条后蹬，后蹬之腿蹬直，爪部上折。

花果盒，盒表面饰梅花、桃花、荔枝、竹叶等。

山水盒，饰山水图案。构图疏朗，意境苍古枯淡。山水浅勾外形，中近景只有稀疏古树、一个草亭和二三个只具轮廓的人物。

(11) 玉瓶

玉瓶是清代重要的玉陈设，大玉瓶高度在 50 厘米以上，瓶形有圆肚瓶、观音瓶、齐肩瓶、八棱瓶、方瓶、葫芦瓶等几十种。

如玉扁瓶：瓶体扁而高，有四方、八方、斜方、腰圆等形，上部较下部宽，颈两侧有双耳（可为象耳、兽耳、鹿耳、

贯耳、花耳之一），耳下带掏出活环，方形或椭圆形足，瓶上有盖，盖纽大可采用卧兽、花蕾、叠片、寿星等。

玉宝月瓶：壶腹为扁圆形或椭圆形扁瓶，颈两侧有耳，腹部饰花卉、人物、山水等图案，或琢诗句。

(12) 玉笔筒

用于盛放毛笔的筒状物，由于笔筒的材质与功能无关，只要好看名贵，都可以用来制作笔筒，所以用来制作笔筒的材料很多，玉笔筒也很流行。常见的玉笔筒多为碧玉，也有用黄玉、白玉等制作的。器形以圆筒形居多，外面都有浮雕的山水人物，做工非常精细。

清代玉笔筒外壁上的图案，以表现景致为主，有名的玉笔筒有"岁寒三友图笔筒""狩猎图笔筒""观瀑图笔筒"及"春夜宴桃李园图笔筒"等。

(13) 玉砚滴

玉砚滴是注水入砚的工具，一般都做成青蛙、乌龟、瑞兽的形状，摆在桌子上，也是很好看的陈设品。尽管"砚滴"有多种，但有三点结构是共同的：一是腹内中空，可以盛水；二是在较高的位置上有一细孔，倾倒时，可以滴出水来；三是背上有一个圆孔和腹相通，圆孔上有一段高起的管状器，可以注入水。用水时，用一个手指按住，把"砚滴"移到砚台上时，不会有水洒出，只要略松开手指，便有水

明 青玉桃形洗

滴到砚台上。有些"砚滴"采用艺术化造型，上述结构做得较隐蔽，但知道砚滴结构特点的人，是不难认出的。

明代玉砚滴多为异兽类型，样式较为统一。清代玉砚滴样式较多，有卧凤形玉砚滴、八卦纹玉砚滴。

（14）玉笔洗

玉笔洗是洗毛笔的容器，均为大口或敞口的浅容器，有许多种艺术化的式样，宜于书房陈设使用。

3. 鉴定

对于玉容器的收藏，应分为古玉和时作玉两种。

古玉收藏，首先要鉴定真假，要从各时代玉器的造型、纹饰、雕琢工艺入手，以科学考古出土的玉器为标准器，以客观、科学的态度对古玉的色泽、材质、造型特征做出正确的判断。

其次，细心揣摩，观察玉器的雕琢痕迹，仔细分析制玉所用的工具、操作方式及痕迹特征，对古玉器的制作要有深入的了解。

再次，多接触市场，了解仿古玉的产地、种类及其特点，见微知著，从中找出与古玉器的差异，识别真伪。

仿古玉以河南南阳，安徽蚌埠，江苏苏州、扬州，上海南汇等地为中心，且有各自的特色。

至于时作玉器的鉴赏与收藏，一般以玉料纯正、雕琢精湛、寓意吉祥、价格合理的玉器为佳，既可玩赏、佩戴，又可收藏。

对玉容器的鉴定需要在长期实践中，逐渐积累经验，着眼于玉料、工艺、造型、纹饰的时代特征和艺术风格，进而客观、全面地综合分析研究，才能鉴真识假，去伪存真。切忌一叶障目，以偏概全。

还有要注意玉容器的保养应避免摔、碰，以免碰损、磕伤。玉器若有污垢或油渍附着于表面，应以温水掺少量中性洗涤液刷洗，再用清水冲净、软布擦干。切忌使用酸、碱性强的化学制剂。时作玉饰适宜贴身佩戴，人体的温、湿度以及经常摩挲，可以使玉器表面润泽。

🏵 清 玉宝月瓶

（三）存世量分析

秦汉出土的玉容器相当稀少，全国只有十来件，而在西汉南越王墓中就发现有五件，而且每一件风格迥异，做工精细，美轮美奂。

魏晋六朝时期，是中国玉器制作的低谷期，玉器制作不多，玉容器当然更少，实为罕见品，存世总量不过五六十件。

唐宋辽金时期，是中国玉首饰的发展期，考古发现的玉容器不过百十件左右。

明清时期，玉雕工艺蓬勃发展，玉容器的生产制作进入高峰期，大多是传世品，数量在几万件以上。

（四）影响收藏价值的因素

多数人对古玉容器的价值认识不足，认为不如玉首饰好看，也不如玉首饰值钱，这是受"生活器皿不值钱"的收藏理念所误导。

另外，一般的玉器收藏爱好者对不同时代古玉容器的制作工艺、制作难度、玉料选择等缺乏了解，加上现代人仿制的古玉容器数量较多，使玉器收藏爱好

者难识真假而却步。

（五）目前国内外市场行情

在国内外各大拍卖行的价格，较高的多为明清两代宫廷用玉容器，在近几年价格已达 2000 万元至 5000 万元左右，而国内的古玩市场普通的玉容器的价格其实一点都不高，以明代双耳杯为例，一般价格在 15 万元至 30 万元左右就能收藏到手。

（六）投资增值依据

目前普通的古代玉容器价格较低，具有较大的升值空间。

理由是玉容器是玉器中制作工艺难度较大的一种类别，不仅费工费时，而且选料要好要精，在同等价位的玉料中，最好的玉料都要优先用于制作玉容器。其次才是用作人物摆件、花鸟摆件、兽摆件等。

古玉器收藏的核心，一要玉料好（包括真玉料和品质），二要做工好。因此，收藏古玉容器，即便只是较好的普通品，也比收藏其他玉器品种要安全。更具有较大的升值空间。

十、辽、金玉器

玉器主要有玉飞天、玉带、玉水盂、玉盒、玉砚、象生玉器、玉佩及一些水晶、玛瑙、琥珀制品。

从种类、造型风格来看，辽代玉器受宋玉器影响较少，造型不拘一格，神态自然，题材多选自常见的事物，写实性很强，具有一定的美术鉴赏价值。

（一）释名与沿革

1. 释名

辽、金玉器分别是指辽国和金国的玉器。辽、金原本无用玉传统，他们在与宋朝征战的过程中接受了汉族王朝用玉的传统，在北方汉族玉匠的参与下，辽、金玉器迅速发展，其工艺成就与宋朝玉器相当，题材有契丹族、女真族的民族特色。

2. 沿革

（1）辽代玉器

辽国（907-1125）由契丹族所建，立国在唐末五代至北宋，统治中国北方二百余年。契丹族注意吸收汉族和其他民族的进步文化，并加以改造，形成了有特色的契丹文化；契丹族原本不发达的手工业，也得到发展，其中玉器业发展较快，工艺成就较高。

辽代出土玉器主要出于内蒙古奈曼旗辽陈国公主驸马合葬墓、翁牛特旗解放营子辽墓，辽宁朝阳县耶律延墓、义县西山村辽墓，吉林双辽县高力戈辽墓群及内蒙古巴林右旗白音汉窖藏。出土

🏺 辽金 玉圆雕行走童子

十、辽、金玉器

111

疆土扩大到长江以北，立国119年。

(2) 金代玉器

金国（1115-1234）是女真族灭辽国后而立国的，之后又南侵灭了北宋，把

金国在辽国和北宋手工业的基础上发展迅速，其玉器业发展较快，工艺成就较高。朝廷用玉大部分来自五代、宋代的

辽金 玉圆雕行走童子

辽金 "秋山"图玉佩

辽金 带沁老鼠

宫廷玉，仅仅略加损益而已。但装饰用玉，除了攫取梁、晋及宋代玉器，还创造了具有民族特色的春水玉、秋山玉，为中国古代玉文化史添上了浓墨重彩的一笔。

金代玉器主要出土于黑龙江绥滨县中兴故城及附近的金代墓葬，绥化市奥里米古城附近墓葬，哈尔滨香坊墓葬，北京市丰台区乌古论窝墓及吉林农安金代窖藏等。出土玉器主要有象生玉器、玉器皿以及花朵形、花鸟形、鱼虫形、植物形等玉饰。纹样中有宋代流行的花鸟纹样，也有辽民族传统特色的虎鹿山林、鹰鹘雁鹅等纹样。

由于金史将有鹘攫天鹅图案的服饰称为"春水之饰"，将虎鹿山林图案的服饰称为"秋山之饰"，故现在学术界将这两种图案的玉器称为"春水玉"和"秋山玉"。

（二）工艺特点、品类与鉴定

1. 工艺特点

辽、金玉器的工艺技术特点表现在

🏵 辽代　白玉花卉纹佩

🏵 辽代　白玉镂空飞天

🌸 辽代 白玉飞天挂件

如下几个方面：

民族对中华玉器的一种创新。日用玉器、观赏陈设玉器、礼仪玉器、文房玉器等数量较少。

（1）用料特点

辽、金宫廷玉器大部分采用优质新疆和田玉制作，以羊脂白玉、白玉为主，还有墨玉、碧玉、黄玉、青玉、青白玉等。辽国境内的凌源地区盛产玛瑙料，辽代中期以后，辽国玛瑙器、水晶器的数量逐渐增加，喜用白色、红色玛瑙和红白相间的纹玛瑙。如在凌源地区出土一件人物纹玛瑙玉饰，外形像缠枝盘花，构图繁复精美，在玛瑙玉饰正中刻有一尊佛像，雕工精致，形象生动。

水晶器则全部为无色透明。

（2）玉器特点

辽、金玉器以玉首饰为主，传统的几何型玉玦、玉环、玉璜已基本消失，取而代之的是花朵形、花鸟形、鱼虫形、植物形等玉饰。形象概括，是北方游牧

（3）做工特点

辽、金玉器工艺，继承了唐代以来的制玉传统，因材施艺，设计巧妙，加工精细，有圆雕、镂雕、片雕、浅浮雕、巧色等，镂雕技法非常娴熟，一般以多层镂雕为主。阴刻线的线条宽细兼备，刚柔并济，唐代那种刚劲的短阴线基本不见。中

🌸 辽代 玉带板

国古典艺术品的重要特点之一是形式复杂者，内容简单；形式简练者，内容复杂。辽金玉器的艺术特点属于后者。

① 辽代玉器特点：辽代玉器继承唐以来的治玉传统，对玛瑙、水晶、和田玉等不同玉材，因材施艺，施以不同的雕琢手法。玛瑙多用于制器皿、牌饰、管饰、珠饰，在琢出器形后，加以抛光即成，不加任何纹饰，以玛瑙的天然纹理和颜色取胜。

用水晶制作圆雕动物小坠饰，多以宽深的阴刻线勾勒动物的形体轮廓。

最能全面反映辽代玉器工艺成就的是青玉、白玉制品，有圆雕、片雕、浅浮雕、镂雕、俏色等用料方式，其中以圆雕玉器居多，片雕、镂雕玉器较少，浅浮雕及俏色玉器更少。

辽国圆雕、浅浮雕、镂雕及阴刻线的表现手法与唐、金、宋玉器有别。

辽国玛瑙俏色工艺水平很高，如在朝阳北塔出土的一件玛瑙杯，其上红白花纹，犹如礼花状，令人叹为观止。

和田玉的俏色工艺，也是辽国玉匠的得意之作，如白音汉窖藏出土的圆雕小玉熊，其头部毛发及尾部尚留存黄色的玉皮，这种"留皮做法"使整件玉雕增添了亮丽的色彩，亦将玉料的损耗减至最低，也显示这件玉雕是用较名贵的和田籽玉所做。

② 金国玉器特点：金国玉器工艺起步较晚，但发展迅速，并能推陈出新，

🏵 金 盖托白玉碗

创出民族风格特色。从工艺上看，金国玉器以浮雕、透雕加以阴线装饰最有特色，玉器多为扁平片状，上饰以花、鸟、雁、鹿题材，图案设计讲求对称。一般用透雕法，即先镂出主体图案，再用浅浮雕和阴刻细线进行细致修饰，使玉器呈现简洁、明快、生动的工艺特色。

2. 品类

从文化特征来看，可把辽、金玉器分为如下四类：

🏵 辽 青白玉组佩

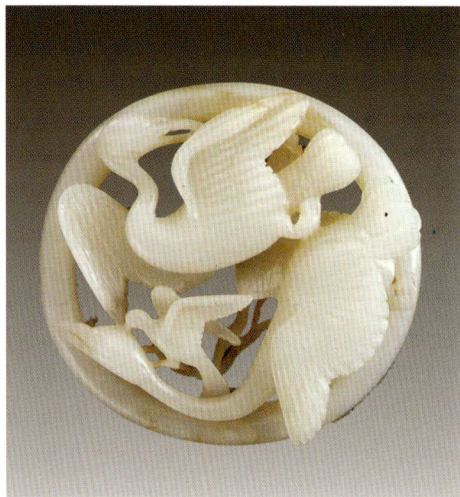

🔥 金代　白玉"春水"饰件

(1) 反映契丹族、女真族民族文化特色的玉器

这类典型玉器有海东青啄天鹅纹玉佩、山林虎鹿纹玉佩、玉逍遥、玉臂饰、玉嘎拉哈，圆雕动物有玉熊、玉天鹅、玉雁、玉蟾蜍、玉猴子等，还有极为少见的玉蝎子、玉蛇、玉蜥蝎等。

这类玉器的文化特色表现在题材方面，俗称春水玉、秋山玉。春水玉、秋山玉都是图形不固定、构图不固定，但其表现的核心主题相同。

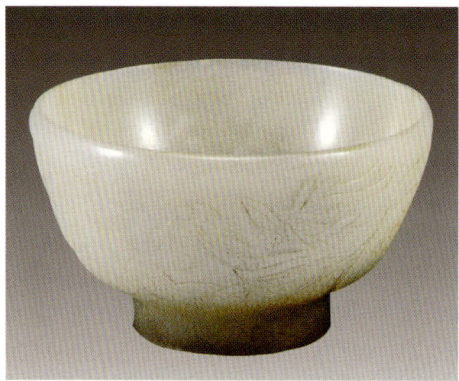

辽金皇族有狩猎的习俗，每到春季，皇帝便带着海东青去捕捉天鹅，金史中将饰有海东青捕捉天鹅图案的服饰称为"春水之饰"，故玉器界据此把春天的狩猎、带有海东青捕天鹅、荷叶、水草、涌浪、大雁组合图案的玉佩饰，称为春水玉。

辽金皇族每到秋季则进入山林射虎杀鹿。金史中将饰有虎鹿山林图案的服饰称为"秋山之饰"，故玉器界据此把秋天的狩猎山林、虎、鹿组合为主题图案的玉佩饰称为秋山玉。

辽金玉雕风格粗犷，具有典型民族特色。

自辽金创造春水玉和秋山玉之后，因具有浓厚的生活情趣，元明两朝继续制作。

另有玉臂鞲，是一种猎具，鞲即臂套，用革制成，用以束衣袖，以方便射箭或操作。外形呈瓦片状，在早期的出土报告中被命名为"瓦状玉饰件"。因套在臂上使用，又名臂衣。其实这是训练鹰的一种装备，把它固定在臂上，鹰站在上面可以防止人的胳膊被鹰爪抓伤，起保护手臂的作用。玉臂鞲一般都是素器，没有纹饰。因玉臂鞲较少见，曾被有些收藏者误认为殓葬时的面具。辽代葬制是用金属面具覆盖在死者脸上。

🔥 辽代　白玉云龙纹杯

（2）反映中原汉文化特色的玉器

这类玉器有玉带板、玉杯、玉盒、玉砚、玉水盂、玉碗以及以凌霄花、荷莲、龙凤、绶带鸟、鸳鸯、蝴蝶、兔子、乌龟、鳜鱼等形状的玉饰件。

玉带板，是玉带板是古代官品位的象征，由数块扁平玉板镶缀而成。辽、金都有玉带板出土，却分属于玉带鋬和

蹀躞玉带两种。作为礼仪之器的玉带鋬和玉蹀躞带，虽然结构形式上有差异，但都源于南北朝蹀躞带。

蹀躞玉带出自北方少数民族，是与胡服配套使用的带饰。

蹀躞带只有一根鞓，一副带扣，不用铊尾。即革带上面缀玉的同时又缀有许多勾环之类，用以钩挂小型器具或佩饰等物。

🌺 辽、金　白玉老虎山子

蹀躞带是用丝或皮革做成玉的衬底，称为"鞓"，在其上缀缝玉带扣、玉带环和玉带尾（铊尾）。玉带环佩挂各种随身应用的物件，如带弓、剑、帉帨、算囊、刀、砺石、针筒、火石袋等。蹀躞带在魏晋南北朝时期传入中原。隋朝和唐朝把蹀躞带改造成玉带，与官服配套，宋、辽、金、元、明沿用玉带之制。

玉带板是片状浮雕或镂雕玉饰，单面加工，辽、金玉带板的背后及镂空处会留下粗糙的解玉砂痕迹，风格粗犷豪放。

（3）反映佛教文化的玉器

辽、金玉器中有一些佛教题材作品，主要有玉飞天、玉迦楼罗神鸟、玉摩羯鱼、玉塔、玉法轮、玉法螺、玉金刚杵、玉佛像等。其中除玉飞天是唐玉的延续外，迦楼罗神鸟和玉摩羯鱼都是创新形式。

玉迦楼罗神鸟是一个人头、鸟嘴、鸟身的形态，最早从印度传入中国。

玉摩羯鱼是印度神话中一种长鼻利齿、鱼身鱼尾的动物，汉译作摩羯、摩

辽金时期 白玉衔（故宫博物院藏）

伽罗等，被认为是河水之精、生命之本，它为拯救佛教徒往返大海、托送彼岸，最终以其自身肉体供饥民餐食。佛教徒赋予摩羯鱼以龙首、有翼、鱼身的怪异形象。辽代喜用玉摩羯鱼作为装饰。

🏵 金代 玉带

（4）反映西亚文化特色的玉器

这类玉器有四曲海棠花式玉杯、孔雀十六曲刻饰水波纹玉碗、白玉花式碗等，因器型特征明显，易于识别，也易于鉴定。

（三）存世量分析

考古发现的辽代玉器较少，金代玉器较多，常见有玉飞天、玉带、玉水盂、玉盒、玉砚、象生玉器、玉佩及一些水晶、玛瑙、琥珀制品。其创作题材大多选自常见事物，写实性很强，具有一定的美术鉴赏价值。

辽金玉器近年流入市场较多，按当前习惯可以单独计件或佩戴的总数有2万件至3万件左右，不含珠、串、散件。

（四）影响收藏价值的因素

影响辽金玉器价值的因素有四点：一是做工较粗犷，形象刻画质朴，不够

🏵 金代 花鸟玉佩

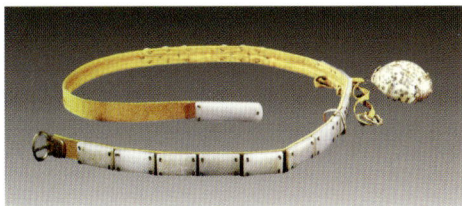

🏵 辽金时期 白玉镂（故宫博物院藏）

☙ 金　白玉镂雕"春水"图玉佩

精细；二是典型器物数量少，不能满足收藏者的需求；三是辽金宫廷玉器稀少罕见；四是当代人对辽、金、元等少数民族玉器缺乏文化层面的认识。

（五）目前国内外市场行情

辽金玉器是国内各大拍卖行玉器专场中的常客，还有专门以辽金玉器为专题的拍卖专场。但国内外价格相对而言，还是国外价格略高，在国内辽金春水秋山玉一般在 6 万元至 30 万元，还有一些

精品卖价会更高些。

（六）投资增值依据

辽金玉器是中国古代玉器的重要代表。中国古代艺术品往往是形式复杂者内容简单；形式简练者内容复杂变幻，而辽金玉器的特点恰好属于后者，造型精约，而所含意蕴则沉郁深刻。

辽金玉器反映了契丹族、女真族的特色的民族文化、中原的汉文化、佛教文化和西亚文化等方面。辽金政权又是契丹和女真族建立的国家，具有独特而浓厚的民族风格和色彩，地域特征突出，琢玉特征也十分独特，留下十分突出的工艺特点，鉴定较易，有很强的艺术特色，前景较佳。

辽金玉器因鲜明的民族地域特色，独特的工艺及风格，代表性器物较少，文化内涵深厚，故而无论在拍卖市场还是古玩市场，前景都无可估量。

☙ 金　青玉"秋山"图玉佩

☙ 辽　"秋山"图玉佩